孔繁轲　孙书文　主编

6句话读懂传统文化

Liu Ju Hua
Du Dong
Chuan Tong Wen Hua

学习出版社

图书在版编目（CIP）数据

6句话读懂传统文化 / 孔繁轲，孙书文主编. -- 北京：学习出版社，2014.12

ISBN 978-7-5147-0513-3

Ⅰ. ①6… Ⅱ. ①孔… ②孙… Ⅲ. ①中华文化－通俗读物 Ⅳ. ①K203-49

中国版本图书馆CIP数据核字（2014）第290800号

6句话读懂传统文化

LIUJUHUA DUDONG CHUANTONG WENHUA

孔繁轲　孙书文 主编

责任编辑：李　岩　吴保平

技术编辑：周媛卿

出版发行：学习出版社

北京市崇外大街11号新成文化大厦B座11层（100062）

010-66063020　010-66061634　010-66061646

网　　址：http://www.xuexiph.cn

经　　销：新华书店

印　　刷：北京市兆成印刷有限责任公司

开　　本：710毫米×1000毫米　1/16

印　　张：8.5

字　　数：85千字

版次印次：2014年12月第1版　2014年12月第1次印刷

书　　号：ISBN 978-7-5147-0513-3

定　　价：22.00元

前言

FOREWORD

中国古典文学名著《西游记》中，孙悟空虽自封“齐天大圣”，上天入地，神通广大，但在取经路上，每遇到来路不明的妖魔鬼怪，却都要唤出“土地”来，打探一番。中国民间传说中，土地神级别不高，但人缘极好。中国的许多乡落，可以没有其他神庙，但不能缺少祭祀土地神的庙宇。这折射出中国人浓郁的土地情结。中华优秀传统文化，是中国人的精神沃土。在神话故事里，孙悟空保护唐僧求取真经，是向土地神问路；在当代中国，求得推进社会进步、谋求人民幸福的真经，要向中华优秀传统文化“问道”。

凝魂聚气，强基固本。一个持续生长了数千年的文明，必然有健旺的精气神。母性的土地，滋养出独具特色的文化风景。中华优秀传统文化植根于中华民族特有的生存环境之中，源远流长，博大精深，积淀着中华民族最深沉的精神追求，是中华文明持续健康发展的底气所在。

树大根深，枝繁叶茂。中华优秀传统文化是一棵生机盎然的大树，涵盖精神信仰、哲学观念、政治制度、社会风俗的各个层次、各个方面。醇厚的文化基因给中华民族生生不息、发展壮大提供了丰厚的精神滋养，也为培育和践行社会主义核心价值观提供了不竭的源泉。要讲清楚中华优秀传统文化的历史渊源、发展脉络、基本走向，讲清楚中华文化的独特创造、价值理念、鲜明特色，当然离不开对讲仁爱、重民本、守诚信、崇正义、尚和合、求大同这6句话时代价值的深入挖掘。

同声相应，同气相求。中华优秀传统文化追求高远、思想深邃，在人类思想的高处与其他文明相遇，是整个人类文明的瑰宝。仁者爱人，重和合，求大同，有利于缓释不同民族、不同国家、不同文化之间的冲突；“人与天地万物一体”“民胞物与”有助于建构新的生态环境伦理，推动可持续发展；大道之行，天下为公，勾画了人类发展的未来远景。中华优秀传统文化以中国人的睿智远见，丰富了整个人类的立命之学。

代有传人，一脉相承。中华优秀传统文化鲜活地生长于当下的生活之中。中华优秀传统文化是中华民族基于独特的生存环境长期发展而成，内蕴着中华民族的生活习惯、生存智慧、文化理念、价值取向。这些已成为中华优秀的文化基因，并被当代社会传承。

日新之谓盛德，生生之谓易。中华传统文化是在历史发展过程中不断融合新质、转换创新的产物，具有海纳百川的创新精神和巨大的创生能力。新的时代，新的环境，中华传统文化也必然要实现创造性转化和创新性发展，以兼收并蓄、融通共进的胸怀，吸收人类一切文明的优秀成果，引领时代前进。

周虽旧邦，其命维新。中华优秀传统文化正日渐焕发出无比的生机。中华民族的永续发展，要从中华传统文化中汲取力量；人类文明的不断进步，也应从中华优秀传统文化中寻找智慧。

目录
CONTENTS

1 讲仁爱

中华传统文化的基石

引子　大仁大爱的虞舜

虞　舜

舜是中国上古五帝之一，在中国历史上享有盛誉，司马迁在《史记》中说“天下明德皆自舜帝始”。他的父亲叫瞽叟，瞽的意思是瞎子，叟指的是老头儿。舜在很小的时候，生母握登就去世了，瞽叟续娶了一个妻子，后来生下了一个男孩，取名为象。舜的家庭环境很不好，父亲瞽叟愚昧，继母顽固，弟弟象桀桀骜不驯，他们都想杀掉舜。但舜还是恭顺地行事，从不违背为子之道，友爱兄弟，孝顺父母。父母和弟弟想杀掉自己的时候，舜就远远地躲开，让他们无法找到；而有事要找他的时候，他又总是在身旁侍候着。舜20岁时，就因为孝顺出了名。30岁时，尧帝问谁可以治理天下，四岳推荐了舜。于是尧把两个女儿嫁给了舜来观察他在家的德行，让9个儿子和他共处来观察他在外的为人。舜在家里做事更加谨慎。瞽叟仍然想杀他。他让舜登高去用泥土修补谷仓，瞽叟却从下面放火焚烧。舜用两个斗笠保护着自己，像长了翅膀一样跳下来，才死里逃生。后来瞽叟又让舜挖井，舜挖井的时候，在侧壁凿出一条暗道通向外边。舜挖到深处，瞽叟和象一起往下倒土填埋水井，舜从旁边的暗道出去，又逃开了。瞽叟和象以为舜已经死了，非常高兴。象跟他的父母一起瓜分了舜的财产，住在舜的屋里，弹着舜的琴。然而，当象看到舜回来时，非常惊愕，继而又摆出闷闷不乐的样子，欺骗舜说："我正在想念你呢，想得我好心闷啊！"舜说："是啊，你可真够兄弟呀！"舜没有把这些事放在心上，还像以前一样侍奉父母，友爱兄弟，而且更加恭谨。

父亲瞽叟和弟弟象三番五次谋杀舜，舜当了天子后又是怎样对待这两个人的呢？《孟子》中有记载，舜封弟弟象于有庳，又找了许多贤能的人帮助他。至于他如何对待父亲，史料没有记载，然而，孟子却富有想象力地设置了这样一个场景：舜为天子，父亲瞽叟杀人被捕，舜会怎么做？他设想，舜不会利用权力破坏刑律而将其赦免，而是要到监狱里偷偷地把父亲背出来，一起逃到海滨，为了共享天伦之乐而舍弃掉天子的地位。孟子极力推崇舜的孝行，倡导人们努力向舜看齐，做舜那样的孝子："舜，人也；我，亦人也。舜为法于天下，可传于后世，我由（犹）未免为乡人也，是则可忧也。忧之如何？如舜而已矣。"（《孟子·离娄章句下》）舜是人，我也是人，但舜为天下的人榜样，我却依然是个平庸的人。我能怎么办呢？只有向舜学习了。在中华传统文化中，舜被当作仁爱的典范。

一、仁者爱人：中华古文字中的"仁爱"

"仁"是儒家学说最为核心的关键词，有人称其为儒家学说基石的基石。儒家经典《论语》共两万多字，"仁"字出现了109次。可见，当时的孔子是满口"仁"字。颜回、子游等弟子，多次向老师问"仁"。最有意味的是樊迟三次问仁。樊迟小孔子36岁。在孔子周游列国时，曾在季氏冉

孔 子

求处任职。孔子回到鲁国后，樊迟拜孔子为师。或许因为有着丰富的实践经历，他更切身体会到学习的重要性，因而经常问老师问题。从《论语》中看，樊迟的有些问题惹得老师不高兴。比如，他曾向孔子问过“学稼”“学为圃”（种庄稼），孔子的回答是：种庄稼我不如“老农”，种园子我不如“老圃”。等樊迟出去后，孔子还发了一大段议论：樊迟啊，小人！在上位者只要重视礼，老百姓就不敢不敬畏；在上位者只要重视义，老百姓就不敢不服从；在上位的人只要重视信，老百姓就不敢不用真心实情来对待你。要是做到这样，四面八方的老百姓就会背着自己的小孩来投奔，哪里用得着自己去种庄稼呢？孔子向来对学生严厉，他认为樊迟所问的种田、种菜，不是君子应该问的。樊迟曾三次向孔子问仁。第一次问仁，孔子答道：爱人。樊迟没有领会，同时又问了“知”（智），孔子回答是“知人”。孔子教育樊迟，要做到仁，一是要坚持爱人的方向，二是要提高认识能力。樊迟对其中的深意还不明了。第二次问仁，孔子说“仁者先难而后获，可谓会矣”。意思是不要怕困难，仁者总是先有困惑而后才有所得的。樊迟第三次问仁，得到的答复是：“居处恭，执事敬，与人忠。虽之夷狄，不可弃也。”意思是在家里谦逊有礼，做事严肃认真，待人诚实守信，这就是仁了。循序渐进，因材施教，孔子对樊迟的教育，体现了教学智慧。他让樊迟做自己的车夫，或许也有“近身”教化的目的。果然，樊迟取得了很大的进步，以后的问题逐渐问到了点子上，孔子的许多重要的论断是在解答樊迟的问题时讲出来的。一次，他跟着孔子游于求雨的舞雩台下，问老师提升道德修养三件事：第一件叫崇德，一个人如何提高自己的道德修养境界？第二件叫修慝，一个人如何改正自己的邪恶之心？第三件叫辨惑，给我一双慧眼，如何去伪存真？孔子感慨地说“善哉问”，赞扬他问得好。樊迟后来被称为孔子弟子中72贤人之一。

孔子在回答樊迟问“仁”时说，仁即爱人。这一仁者爱人的观念，有一个发展的历程，是从对死者的尊崇转移到对活人之间的爱。夏商西周时代，“仁”字的字形为，上面为一个“尸”字。那个时期，祭祀观念发达，古人对图腾崇拜、祖先崇拜都体现出人与鬼神的关系。因而，“仁”此时表达的是生者对逝者深沉的、发自内心的一种感情。随着时代的发展，到了孔子生活的春秋晚期，战争繁多，命运无常，人们对天命的观念发生了动摇，人们对天的信仰，逐渐转向对人与人关系的看重。正是这一背景下，孔子说自己不谈论怪、力、乱、神等问题，讲的是现世的现实。于是，“仁”在他看来，就是指的“爱人”。

仁爱，仁者爱人，“爱”的字形相对复杂。金文中的“爱”字为，由和两个部分组成。上面的为“欠”，一个人张着嘴巴，表示在哈气或喃喃自语，下面的部分为“心”，意为关心、同情、爱惜，甚至在有的金文中，“爱”为，加了一个，是一个“手”的形状，意思更加丰富：用手捧着自己的心放在对方的心上。后来的简化字“爱”，有人说简化得不好，“爱”字无心了。其实简化的“爱”字，是从草书的演化而来的。

二、心之德、爱之理：中华传统文化的“仁爱”观

仁爱是中华传统文化中的核心理念。孔子说：“富和贵是人们所期待的，不通过正当的途径，即便有了富贵，也不能安处；贫和贱是人们嫌弃的，不通过正当的途径，即便处于贫贱之中，也不自我嫌弃。君子离开了仁，怎么能成就名声呢？君子任何时候都不违背仁德，匆忙急迫中必定如此，颠沛流离时也应如此。”所以，“志士仁人，无求生以害仁，有杀身以成仁”（《论语·卫灵公》）。为了“仁”，性命可以不要。他的学生曾子也说：有道德的人要以实行仁为己任，直到死才可以罢休。仁爱，是孔子一生努力达到的最佳生存状态，无时无刻不在心里面。孔子曾说：“仁远乎哉？”仁爱离我们远吗？我想要仁爱的时候，念头一动，“斯仁至矣”，仁爱就来到我的心中，我的生命就被仁爱充满了。

儒家的仁爱观念是中华传统仁爱观念的主流，这种仁爱观讲求爱人有差等，由近及远，向外辐射，以爱家人为基本，辐射到爱他人，再辐射到爱天地万物。“亲亲而仁民，仁民而爱物”（《孟子·章句下》），层层扩展，最终达至“仁者以天地万物为一体”（《孟子·梁惠王》）。“博学而笃志，切问近思，仁在其中矣。”（《论语·子张》）儒家在“仁爱”的思考与实施上下了很大的功夫。

讲仁爱，要爱自己的家人，其中首要的又是爱自己的父母，即孝。孔子说：“君子务本，本立而道生。孝第也者，其为仁之

山东：四德汇聚正能量

为把道德建设融入群众的日常生活，从2007年开始，山东在培育社会公德中突出“爱德”，在职业道德中突出“诚德”，在家庭美德中突出“孝德”，在个人品德中突出“仁德”，把“四德工程”作为创新社会治理、培育践行社会主义核心价值观的基础性工作，倡导在各村街、社区、企业、单位建立“善行义举四德榜”。善行义举榜突出接地气、不求“高大上”，说的是家长里短，张的是柴米油盐，树的是身边人、身边事，群众认同、可信可学。目前，山东已建立善行义举榜8.3万个、3000多万群众上榜，覆盖全省80%以上的村庄和30%以上的人口。一个个榜单、一件件善举，汇聚成道德建设的洪流，激发起见贤思齐、向上向善的强大正能量。

山东平邑县温水镇梭庄村四德榜

本与。”（《论语·学而》）孝悌为仁之本、仁之源。基于人的自然情感，中华传统文化给予“孝”以极高的地位，也形成了一个系统的“孝”道。“上孝养志，其次养色，其次养体。”（《盐铁论·孝养》）这就形成了三个层次的“孝”：赡养父母，尊敬父母，实现父母的志向。养，满足父母的物质需求，这是最基本的孝道，是第一个层次的“孝”。自西周时代起，古代的法律就把不孝定为重罪，当前的《婚姻法》《老年人权益保障法》等法律也是继承了这种传统。《孟子·离娄下》曾言“不孝者五”，其中便有懒惰、赌博酗酒、贪财只顾自己的妻儿而不顾父母之养育。民间俗语说，“小公鸡尾巴长，娶了媳妇忘了娘”，便是对不赡养父母的人的讽刺。敬，是孝的第二个层次。子游向孔子问孝，孔子说：“今之孝者，是谓能养。至于犬马，皆能有养。不敬，何以别乎？”孝，要尊敬父母，就要满足父母的精神需求。子女尽孝，难在要经常和颜悦色。孔子在回答子夏孝之问时，便说“色难”。春秋时代楚国的老莱子，非常孝顺，年过七旬，依然想尽办法逗父母高兴。在父亲过生日时，他挑了一件五彩斑斓的衣服，装成婴儿的样子，又蹦又跳，使得父母嬉笑不止。这正应了孟子的话：“仁孝之人终身仰慕父母。”孝的第三个层次在于实现父母的合理的志向，其中包括立身行事不要辱没父母。如《礼记·祭义》所说：“不辱其身，不羞其亲，可谓孝矣。”再如，要做出成绩，让父母有尊严。关于孝还有很多的说法，如孔子所言“事父母几谏”，后来《大戴礼记·曾子事父母》中有“父母之行，若中道则从，若不中道则谏；谏之不用，行之由己；从而不谏，非孝也”。可见，讲孝也不是盲目地相信父母的话，不是不顾一切地按父母所说的去做，也有“谏”的

孝传千年一脉承

《诗经·小雅·蓼莪》云："父兮生我，母兮鞠我。拊我蓄我，长我育我，顾我复我，出入腹我。"当代作家毕淑敏说："'孝'是稍纵即逝的眷恋，'孝'是无法重现的幸福，'孝'是一失足成千古恨的往事，'孝'是生命与生命交接出的链条，一旦断裂，永无连接。"相隔两千多年的两篇文学作品，表达的是一脉相承的中国人对"孝"的深情。中国对父母讲"孝"，上面是一个"老"字，下面是一个"子"字，讲究辈分代际。西方对父母讲"爱"，处于一个共时性的关系网之中。在中华传统文化中，"孝"是评价一个人品德的重要标准。在魏晋等时代还有由贤荐贤做官的规定，于是便有了许多在今天看来不近人情的尽孝方法，二十四孝中的许多孝行，如郭巨埋儿奉母、王祥卧冰求鲤便属此列。

义务。当然，在谏父母时，要柔声怡色。再如，父母在，不远游；父母呼，应勿缓；等等。唐代孟郊《游子吟》写道："慈母手中线，游子身上衣。临行密密缝，意恐迟迟归。谁言寸草心，报得三春晖。"孝，是中国人深埋内心、最深沉的一种情感。

讲仁爱要爱与自己没有血亲关系的他人，即孔子所说的"泛爱众而亲仁"。如何做？一是如孟子所说"老吾老，以及人之老，幼吾幼，以及人之幼”（《孟子·梁惠王上》），像爱自己的家人一样爱他人。二是讲求“恕”之道，即“己所不欲，勿施于人”（《论语·颜渊》）。讲求仁爱者，自己要立身的同时又要使他人立身，自己要通达的同时又使他人通达；能从当下的生活中推己及人，这就可以称为践行仁的方法了。汉元帝年间的何武，以清正廉明、秉公执法而闻名。他被派到扬州做刺史，是当地最高的行政长官。他的下属中，有一位名为戴圣的名士，自恃在扬州的威望，工作随便，屡有失误。戴圣了解情况之后，上报朝廷，撤了他的官职。戴圣与何武势不两立，到处散布他的坏话。别人将此事告知何武，何武说：戴圣刚被撤了职，有怨气，发泄情绪也可以理解。后来，戴圣的儿子犯了法被何武收押。戴圣觉得何武肯定要从重处罚。但是判决书出来后，戴圣发现，何武公正地依律法判决，给自己的儿子判了个并不重的罪。戴圣去拜访何武，何武以礼相待，非常尊敬他。两个人成了无话不谈的朋友。后来，在何武的熏陶下，戴圣重新任职，并且彻底改变了为人处世的态度。对待生者要有仁爱，对待亡者，同样要仁爱，仁爱成为自觉的行为。清代的洪亮吉与黄仲则自小一起玩耍、读书，结下了很诚挚的情谊。长大成人后，两人结伴去了北京。洪亮吉考中了进士，黄仲则落了榜。后来，洪亮吉受陕西巡抚毕秋帆的邀请去做了幕僚，而黄仲则留在了在北京。几年后，在京无法生活下去的黄仲则无奈之中投奔毕秋帆，但走到山西运城，肺病复发，无钱医治，奄奄一息，只好写信向毕秋帆求救。毕秋帆将信转给洪亮吉，洪亮吉飞驰四天三夜赶赴山西运城，赶到时黄仲则已离世。洪亮吉悲痛之余，决定要让友人魂归故里，牵着马将黄仲则棺材从山西运城拉回了江苏常州。

讲仁爱要爱天地万物。北宋时期的大儒张载是理学的创始人之一，他提出的“民胞物与”的观念影响深远。他在《西铭》中写道：“民吾同胞，物吾与也。”意思是万民是我的同胞，万物是我的同类。季羡林在《对21世纪人文科学建设的几点意见》一文中提到张载的“民胞物与”时，认为“民”决不局限于中国人民，它是包括全世界所有的人的，而“物”也包括天地间所有的动物和植物。在张载那里，人与万物之间是一种平等、和谐的“伙伴关系”，而不是征服者和被征服者之间的关系。“爱必兼爱，成不独成”，这种观念由来已久。如《逸周书》上说：“禹之禁，春三月，山林不登斧斤。”春天树木刚刚复苏，不可加诸刀斧。什么时候砍伐呢？《周礼》上说：“草木零落，然后入山林。”道家哲学主张顺从天道，不要人为地残生伤性。《庄子·养生主》中有：“泽雉十步一啄，百步一饮，不蕲畜乎樊中。”江河边旷野里的野鸡走几步路，脖子就伸一伸，往地上啄一啄，找东西吃，走了几百步，看到有水就喝一点。你看野鸡挺可怜的，为了一点饮食，为了吃饱，一天到晚到处跑。虽然如此啊，它活得很

张 载

快活，“不蕲畜乎樊中”，“蕲”就是乞求，它不乞求关在笼子里。被人关在笼子里，虽然会天天有米吃，又有水喝，但失去了自由，自然不会快乐。读《论语》，可以看到孔子对自然万物充满了怜悯之心。“子钓而不纲，弋不射宿。”去钓鱼，而不是用大渔网打鱼；只射飞鸟，而不射歇宿的鸟。打猎捕鱼，都要适可而止，满足了自己的基本需求即可，不要竭泽而渔，贪得无厌。郑板桥是中国古代一位颇有个性也颇具代表性的文人，他对动植物充满了仁爱之情。他在《板桥家书》里曾说：“平生最不喜笼中养鸟，我图娱悦，彼在囚牢，何情何理，而必屈物之性以适吾性乎！至于发系蜻蜓，线缚螃蟹，为小儿玩具，不过一时片刻便折拉而死。上帝亦心心爱念，而万物之性为人贵，吾辈竟不能体天之心以为心，万物将何所托命乎？”人们为一时高兴，而把鸟儿关在笼子里，要不了多久小鸟就会被折磨而死。要想养鸟，就要让它们自由自在，“欲养鸟莫如多种树，使绕屋数百株，扶疏茂密，为鸟国鸟家。将旦时，睡梦初醒，尚辗转在被，听一片啁啾，如《云门》、《咸池》之奏；及披衣而起，颒面漱口啜茗，见其扬翚振彩，倏往倏来，目不暇给，固非一笼一羽之乐而已。大率平生乐处，欲以天地为囿，江汉为池，各适其天，斯为大快。比之盆鱼笼鸟，其钜细仁忍何如也”。围绕着房屋种几百棵树，建造一个鸟的乐园。这样，每天清晨从睡梦中醒来，还在被窝里翻来覆去时，就可以听到一片鸟叫声，就好像听到《云门》《咸池》等乐曲的演奏声；等到起身穿好衣服，洗脸漱口品茶时，看到它们张开五彩缤纷的翅膀飞翔，一下子飞来又一下子飞去，眼睛都看不过来了。这种乐趣不是用笼子养鸟的乐趣可以相比的。人生的乐趣，就是让动物、植物们各自顺着自己的天性自由地生活，这才是最大的快乐。郑板桥反对用盆养兰花，“夫芝兰入室，室则美矣，芝兰勿乐也”，要顺应植物的“天趣”。

中华传统哲学中，儒家讲求爱有差等，墨家讲求“兼相爱，交相利”，道家主张“爱人利物之谓仁”。这些观念，殊途同归：爱天下万物，谓之仁爱。

三、他山之石：“仁爱”不同于西方的博爱

仁爱是中华民族最核心的价值理念，具有鲜明的中华文化特征。

中国语境中的仁爱，格外讲求真情实感。孔子说：“刚、毅、木、讷近仁。”（《论语·子路》）仁者言语谨慎质朴，反过来讲则是“巧言令色，鲜矣仁”（《论语·学而》）。仁要讲求真情，花言巧语就没有了“仁”。孔子又说：“唯仁者能好人！能恶人！”（《论语·里仁》）每个人都会有自己的好恶，为什么说只有“仁者”才能喜欢某些人、厌恶某些人呢？当代哲学家冯友兰的解释是：“……一般人的好恶未必是他的真性情的真的流露！只有仁人的好恶才是他的真性情的真的流露。所以他的好是真好！他的恶是真恶！他所喜欢的人是他真喜欢的人！他所厌恶的人是他真厌恶的人！”真情实感是孔子仁的出发点。这种真情实感在孟子那里得到进一步肯定。他发挥了孔子的学说，曾讲到“四端”：

“恻隐之心，仁之端也；羞恶之心，义之端也；辞让之心，礼之端也；是非之心，智之端也。”恻隐之心是仁的发端。何谓恻隐之心？在《孟子·公孙丑上》中接着说：“所以谓人皆有不忍人之心者，今人乍见孺子将入于井，皆有怵惕恻隐之心，非所以内交于孺子之父母也，非所以要誉于乡党朋友也，非恶其声而然也。”小孩子快要掉落于井中，赶紧去救，不是为了讨好小孩的父母，不是要别人称赞我，不是因为讨厌孩子的哭声，而是一种不计外在功利，不论一时利害的“不忍人之心”，这就是儒家的“仁爱”，是“仁者爱人”的开端。从恻隐之心推而广之，就是“老吾老以及人之老，幼吾幼以及人之幼”，这就是儒家所说的“仁”。

中华传统文化中的“仁爱”达至天人合一的境界，高远深阔，但又平实切行。这恰恰是源于有差等的爱，由亲情之爱上升到人类之爱，再扩展到对万物之爱。从“孝悌”到“爱人”，从“修己”到“安人”，孔子对“仁爱”所作的这种顺乎自然的推扩，使“仁爱”所指向的对象发生了变化：“孝悌”针对的是特殊对象，而爱人针对的是普遍对象。那么，怎样才能有“孝悌”“亲亲”而“泛爱众”呢？这便是孔子一以贯之的忠恕之道。“己欲立而立人，己欲达而达人”的意思是说：我自己有个什么欲求，总要想着别人也有这样的欲求，在满足自己的欲求的时候，总要想着使别人也能满足这样的欲求。胡适说孔门讲的“爱人”重在“推恩足以保四海”的“推”字。新儒家的代表人物牟宗三在《中国哲学的特质》中这样写道：“博爱是从上帝而来，孔子的仁，则从自己的生命而来……正因为向外推扩，才出现远近亲疏的层次观，由家庭内的父母兄弟，推至家庭外的亲戚朋友，以至无生命的一瓦一石，由亲及疏的层次井然不乱，依顺人情而不须矫饰。”由此可见，由亲亲之爱层层向外推扩达到“泛爱众”，是一个自然而然的过程，因为“孝”与“泛爱众”本质上都是“爱人”，但由于人首先是一种情感动物，情感的发展必须具有自己的依托和过程，因此二者又具有差异性，也即是“爱有差等”，表现为从家庭到家族，再到国家，最后涵盖“天下”，呈现出层层外推、“爱”的同心圆的不断推展。但在孔子看来，父子天性即是孝敬之本。失去了这点天性，一切都统统失去了意义，这点天性乃是同心圆的圆心，因此“仁者”必是孝的，而不孝，即使去“泛爱众”，也不是“仁”。《本草纲目 · 禽部》载：“慈乌：此鸟初生，母哺六十日，长则反哺六十日。”本能，来得更加自然，也更为长久、牢固。博爱与仁爱虽同说爱人，但首先，爱的来源不同：一为上帝，一为人的生命；一为外在权威的要求，一为内心真情的流露。其次，爱的目的不同：一为个人的得救，一为由己及人，使人人都能感受。

四、当代传承：“仁爱”与社会主义核心价值观

中国的仁爱理念包含深刻的平等观，它内在地承认人与人在生命价值上是平等的，因而才能把人当作与自己一样的人来对待。对他人的尊重，深含人道精神。中华传统文化中的仁爱，

既是一种人生态度，也是一种高超的生存智慧。现代社会、国家、个人的发展，必须以“爱人”“成己成人成物”为前提与目的。“仁爱”可以说是“和谐”“公正”“敬业”“友善”等价值观的源头。仁爱观念促进和谐人际关系的建立，有利于家庭和社会秩序的稳定，有利于推进世界和平，有利于良性生态环境的建构。正是从这个意义上说，“仁爱”与社会主义核心价值观有着千丝万缕的联系，理应成为社会主义核心价值观的题中应有之义。

在当代，仁爱中的“孝”芳泽长存。孝子陈斌强，是2012年“感动中国”人物。这位浙江磐安县的语文老师，用布带把患有老年痴呆的母亲绑在身后，骑车上下班。河南西平县的审计干部陈培军少年丧父，母亲在48岁时患了白血病，他卖掉房子为母亲治病，一次次抽出自己的鲜血为母亲“续命”，最多时一个月抽血1200毫升。同时，父母对子女的爱也在延续。2008年汶川大地震中，一位母亲在灾难降临时，双膝跪地，整个上身前倾，双手扶地，用身体庇护自己的孩子。在救援人员抱出孩子的时候，孩子安静地睡着。随行的救援医生在给孩子检查的时候，发现在裹缚孩子的被子里有一部手机，里面有一条未发出的短信：亲爱的宝贝！如果你能活着，请你记住：我爱你！

仁者爱人的理念代有传人。中国现代妇产科学的奠基人之一，著名的医学家林巧稚在产房里度过了50多个春秋，亲手迎接了5万多个小生命的诞生。为了感谢林巧稚，很多孩子被父母以“林”命名，诸如“爱林”“敬林”等。她终身未嫁，没有自己的孩子，但每一个由她亲手接生的孩子的出生证上都有她秀丽的英文签名：“Lin Qiaozhi’s Baby”（林巧稚的孩子）。所以她有“万婴之母”的美誉。曾经有人问林巧稚：“你为病人拉拉手、擦擦汗，就会成为妇产科的专家吗？”林巧稚用她温暖而坚定的声音回答道：“作为妇产科医生最起码也是最重要的素质，就是有一颗仁爱之心。”这份仁爱贯穿了她的一生。林巧稚在孩子们坠地的哭声中找到了幸福，她说：“生平最爱听的声音，就是婴儿出生后的第一声啼哭。”她为新中国的医疗事业作出了不可磨灭的贡献，成功奠基了妇产科领域中的产科、医科以及妇科肿瘤、生殖内分泌、计划生育等专业和学科。“文化大革命”结束后，林巧稚已近 80 岁，颤抖的双手已经拿不稳接生钳。在轮椅和病榻上，她用 4 年的时间写下了《妇科肿瘤》，为她一生的妇婴康健事业画上了一个圆满的句号。林巧稚立下遗嘱，将自己所有的积蓄捐给协和医院的托儿所，骨灰撒进鼓浪屿旁边的大海中。林巧稚崇高医德的代表传人、医生庄仕华，已经在天山南北行走了 40 多年，创造了一个只有他自己能超越的纪录——12 万例胆囊手术无一失败的医学奇迹。再如“当代雷锋”孙茂芳，几十年如一日，帮助着身边的孤寡老人和贫困家庭。每年的 3 月 5 日，全国都会开展学雷锋活动。50 多年过去了，雷锋，这个闪亮的名字，已经成为标识社会道德的“文化符号”；雷锋精神，感召着一代又一代的中国人，提升着整个社会的道德温度。

提倡“天地万物一体之仁”的声音更加响亮。随着环境的变化，世界上的许多物种命运堪忧。2008 年 10 月，在西班牙巴塞罗那，国际自然保护联合会（IUCN）公布了哺乳类动物种群的全球调查结果："在不久的将来，至少有四分之一的哺乳类动物会走向灭绝。"多项调查数据表明，地球上的动植物每天都在消失。在这种情况下，一批拯救濒危生物的"仁"者站了出来。成立于1980年的中国保护大熊猫研究中心，致力于大熊猫的保护、人工繁殖和人工繁殖个体放归野外等研究工作，拥有大熊猫170余只，占全世界圈养总数的60%。在这个研究中心，有许多怀着仁爱之心的"奶爸奶妈"。何福志便是其中的一个。熊猫永巴，是第一批在深圳借展的熊猫，后来它身体虚弱，何福志接它回卧龙，在飞机上看到它有点晕机，特意跟机长说氧气要给足，精心喂它苹果、牛奶、葡萄糖。熊猫看起来温顺，也有性格暴躁的时候。有一次，一只熊猫用完"餐"后，抓着铁栏摇头跳舞。何福志"教训"它几句，熊猫生了气，伸"手"抓住他的连体衣，撕下很长一块。何富志说：要我选择熊猫和我的手，我绝对保熊猫。

时代发展，社会变迁，中国传统的仁爱也面临现代转化、创新发展。

应把现代科学观念融入仁爱之中。中华传统文化中的万物一体，需要西方科学观念的积极推动。有意识地保护生态，西方要早于我们，实施策略、具体方法都值得我们借鉴。比如，北方秃鹮由于杀虫剂的使用和人类的猎杀在20世纪80年代已濒临灭绝。人工饲养导致它们丧失了迁徙的能力。没有迁徙能力的秃鹮不能在野外过冬。为了教会北方秃鹮学会迁徙，欧洲

《寂静的春天》与生态保护

1962年，美国海洋生物学家蕾切尔·卡逊出版了《寂静的春天》一书，这本书被认为是开启了全世界生态保护事业的著作。1958年1月，卡逊接到原《波士顿邮报》的作者奥尔加·欧文斯·哈金斯寄自马萨诸塞州的一封信。奥尔加在信中叙述了这样一件事：1957年夏，州政府喷洒DDT归来的一架飞机，飞过她和丈夫在达克斯伯里的两英亩私人禽鸟保护区上空，导致许多鸟儿死亡。卡逊用5年的时间调查写作，以一个“一年的大部分时间里都使旅行者感到目悦神怡”的虚设城镇突然被“奇怪的寂静所笼罩”开始，通过充分的科学论证，表明这种由杀虫剂所引发的情况实际上正在美国的全国各地发生，破坏了从浮游生物到鱼类再到鸟类直至人类的生物链，使人易患慢性白血球增多症和各种癌症。像DDT这种“给所有生物带来危害”的杀虫剂，“它们不应该叫做杀虫剂，而应称为杀生剂”。在此之前，人类推崇“向大自然宣战”。作者认为，人类与大自然斗争下去，将面临一个没有鸟、蜜蜂和蝴蝶的世界。这本不寻常的书，在世界范围内引起人们对野生动物的关注，唤起了人们的环境意识，引发公众对环境问题的思考，促使各国政府重视环保问题，推动联合国于1972年6月12日在斯德哥尔摩召开了“人类环境大会”，并由各国签署了“人类环境宣言”。

的科学家们居然设计出三轮飞车，教会秃鹳能够随着这种超轻型飞机，按迁徙的路线飞越阿尔卑斯山脉，到达意大利的托斯卡纳区。为了完成这个计划，饲养员们穿着古怪的白袍，模仿着它们的行动，与它们建立了亲密的关系。22 天以后，它们到达了目的地。西方的科学家正在开发一种利用动物干细胞制造配子的方法，将有望应用于濒危物种的保护工作中。如果能将濒危动物的干细胞转化为精子和卵子，就可以利用“试管婴儿”技术保证濒危动物的种群数量。300 年的工业文明以人类征服自然为主要特征，世界工业化的发展使征服自然的文化达到极致，一系列全球性的生态危机说明地球再也没有能力支持工业文明的继续发展，需要开创一个新的文明形态来延续人类的生存，这就是“生态文明”。这种文明倡导人与自然和谐发展。在党的十八大报告中，一个重要的创新之处，表现为在原来的经济建设、政治建设、文化建设、社会建设之上，增加了生态文明建设，形成了“五位一体”的新格局。在党章修正案中又首次新增一段，论述生态文明建设作为中国特色社会主义现代化的重要组成部分。中国进入了生态文明的新时代，努力开创出绿色现代化道路。

应将现代法治观念融入传统仁爱观念之中。《论语·子路》中记载，叶公语孔子曰：“吾党有直躬者，其父攘羊，而子证之。”孔子曰：“吾党之直者异于是：子为父隐，父为子隐，直在其中矣。”孔子认为父亲偷了别人的羊，儿子不能告发。北宋经学家邢昺为此作出了详细的解释：“子苟有过，父为隐之，则慈也；

父苟有过，子为隐之，则孝也，孝慈则忠，忠则直也，故曰：‘直在其中矣。’”对中国人而言，从亲情出发的孝慈才是更重要的。这种思想有助于维护伦理秩序，从而可以为修身、齐家、治国、平天下的社会秩序奠定基础，在当时有其积极的一面。但是在当今我们的法治时代，这种没有底线的仁爱思想，就成为实行“法律面前人人平等”的障碍。

结 语

在中华传统文化中，以宽容的仁爱之方对待万物，天地和谐，这也是对自己的一种报偿。现代艺术家丰子恺曾有这样的隽永妙语：“你若爱，生活哪里都可爱。你若恨，生活哪里都可恨。你若感恩，处处可感恩。你若成长，事事可成长。不是世界选择了你，是你选择了这个世界。”新浴过后，坐在那儿吹风、喝茶，“人散后，一钩新月天如水”，这是一方惠风和畅、天朗气清的世界。

1997 年，世界各国的宗教领袖在美国芝加哥通过了《走向全球伦理宣言》，孔子提出的“己所不欲，勿施于人”是重要的理论依据：“这个原则是有数千年历史的宗教和伦理的传统所寻获并持守的”，“这个终极的、绝对的标准，适用于人生各个范畴，家庭和社会，种族、国家和宗教”。人类的远大前程，植根于中华传统文化所主张的爱己爱人的“仁爱”之中。

② 重民本

政治活动的价值标准

引子　百姓传抄《江苏阴雨连绵田稻欠收情形片》

清代的林则徐（1785—1850），是中国历史上一位非常有名的官员。他13岁应府试获第一名，14岁考取秀才，20岁中举人，27岁成进士，授翰林院编修。嘉庆二十五年（1820年）起，历任监察御史、按察使、布政使、河督以至巡抚、总督等职，历官浙江、河南、江

人民邮政发行的纪念林则徐诞生200周年邮票

苏、湖南、湖北、两广、陕西、云贵等14省。1833年夏秋之际，江、扬、淮、徐一带雨水滂沱，九月以来，江南太仓、镇洋、嘉定、宝山一带连下暴雨，一片汪洋，收成无望，百姓纷纷流落他乡。时任江苏巡抚的林则徐在立冬前后，乘坐小船亲往各处查看，看到到处田禾被淹，颗粒无收，凄惨之状目不忍睹。林则徐找到两江总督陶澍商议救民良策，决定联衔上疏，奏报灾情，要求缓征漕赋，拨发赈粮，以解救灾民之困难。奏折还没送出，却接到道光帝通过军机大臣下的谕旨，其中有“近来江苏等省几于无岁不缓，无年不赈，国家经费有常，岂容以展缓旷典，年复一年，视为相沿成例？”“该督抚等不肯为国任怨，不以国计多亟，是国家徒有加惠之名，而百姓无受惠之实，无非不堪下吏私充囊橐，大吏只知博得声誉”等句子。谕旨的意思很明白，减赋放赈，不能年复一年，今年决不可以。谁要再提此事就是对朝廷不负责任，无非是要中饱私囊。林则徐面临两难：一是年景不佳，民多饿困，要以民为本，就应减轻他们的负担；二是皇上谕旨不能违逆，冒犯龙颜者轻则丢官，重则杀头。百姓处在生死攸关的痛苦之中，如果仍需纳赋，只有饿死。再则官逼民反,社会将更加动荡不安。触怒了皇帝，自身危危。林则徐经过反复推敲，多次修改，于道光十三年（1833年）十一月十三日，完成长达3000余字的《江苏阴雨连绵田稻欠收情形片》奏折，报告苏松地区的灾情，阐述“民惟邦本”的思想，陈述灾歉对社会的影响，请求缓征漕赋。道光帝看后极为不满，立即密令陶澍查报情况。好在陶澍也是一位以民为本的清官，在复奏中肯定了林则徐折子中的内容，道光帝无可奈何，又怕灾民造反，只好准奏。老百姓听到了消息，围在巡抚衙门的大门前，感谢“林青天”救命之恩，要求拜见林大人，后因未能见到林则徐，便提出：“林巡抚一心为黎民百姓，担当了那么大的风险，我们感谢林青天救命之恩，终生难忘。林大人的奏折，胜似天书，恳请赐天书留传后世。”第二天，江苏境内争相传抄林则徐的奏稿，没几天奏稿抄本，遍及城乡。“林青天”家喻户晓，妇孺皆知。林则徐不畏革职丢官、为民请命，是中国传统重民本治政理念的体现。

一、民惟邦本：中国古文字中的“民本”

民本，即以民为本。“本”，是“木”字下加一横。木，是象形字，在甲骨文中为。上部是枝，下部为根。金文的“本”字为，在树的根部加上三点树下的根，在籀文中的“本”字则极为形象地用三个倒三角表示扎入地下的根系。“本”即根本。与“本”相对的是“末”，在“木”上加一横，意指树的树梢。民本，即要以“民”为根本。国家是“木”，民则为“根”。

那么，何为“民”？我们通常的理解，民即百姓，即人民。“民”字的有着异常丰富的意味，其发展有一个长期的过程，一些大学问家围绕这个字作了许多考证文章。“民”在甲骨文中为，上面为眼睛，下面是一只手，其本意为：被刺瞎眼睛的人。甲骨文研究大家郭沫若在《奴隶制时代》一书中便说：“横目带刺，盖盲其一目以为奴征。”意思是说，眼被刺瞎的人。殷商时代，奴隶的来源主要是战俘，为了方便统治，被抓来的奴隶，全都要刺瞎一只左眼。于是，谁是主人、谁是奴隶，“一目了然”。这样，逃跑的奴隶也很容易被辨识出来。在后来的金文中，或，眼睛中的“瞳孔”干脆被去掉了，“民”成了“有眼无珠”的瞎子。从这个解释上来说，在中国古代，“民”是指地位低下的人。“民”字在奴隶之义外，更多是指在君王和官吏之外被统治的人，与君相对，如民贵君轻；与官相对，如官民平等。提及中国社会人群，我们常讲有四种人，即士、农、工、商，读书的、种田的、做工的、从商的，这四类人，都在民之列。《穀梁传·成公元年》中便有：“古者有四民：有士民，有商民，有农民，有工民。”

“民”由“尸”与“氏”两个字组成，“尸”意为“身体不能动弹”，即不是迁徙而来的、土生土长的；“氏”为氏族、国族。因而，“民”是指国家的土著居民。

与“民”连用的有许多词语，这些词语也透露出此字的含义。如：黎民百姓。这个词很有历史渊源。三皇五帝时期，中华民族的始祖黄帝与炎帝联合起来攻打蚩尤。军事联盟中的人群被称为“百姓”，意思是这个联盟由众多姓氏组成；而战败被俘的仇黎人，则被称为“黎民”。“黎”本身又有黑的意思，黎民都是作为奴隶脸上刺字、被“墨面”之人。随着历史的演变，奴隶越来越少，黎民与百姓就都成为被统治的人。须注意的是，我们现在常用的“人民”这个词，在中国古代是指两类人，“人”是指统治者，“民”则是被统治者。随着时代的变化，两个字组合在一起，表达了新的含义。

由上而言，在中国传统社会中，“民”具有两个特征：一是长期生活在本国之中；二是非君、非官的平头百姓，即我们今天常说的“草根”。民本，即以长期生活在这个国家中的、非君、非官的平头百姓为根本。

二、君舟民水：中华传统文化的“民本”观

中华传统文化中的民本思想源远流长，体系完整，逻辑严密。

中华传统文化主张“民惟邦本”，格外强调民众在国家中根本性的地位。《尚书·五子之歌》：“民可近，不可下。民惟邦本，本固邦宁。”百姓是国家的要本，民心安稳了国家就安宁了。儒家思想的代表人物孔子说，治理国家最重要的是四个方面：“民、食、丧、祭”，四者之中最重要的又是“民”。孟子则旗帜鲜明地提出：“民为贵，社稷次之，君为轻。是故得乎丘民而为天子，得乎天子为诸侯，得乎诸侯为大夫。”（《孟子·尽心下》）春秋末期，齐国的晏婴辅佐齐景公数十年，内安社稷，外靖邦邻，审时度势，励精图治，使齐国维持了较长时间的强盛和稳定。他是那

个时期民本思想的积极倡导者和实践者，他施政的一个重要特征，便是将爱民的举措提高到一个很高的高度，认为抚慰好国内各民族，就能够使周边不友善的国家归附（“能爱邦内之民者，能服境外之不善”）；让百姓得到快乐幸福，就是最为博大的德行（“意莫高于爱民，行莫厚于乐民”）。晏婴劝告国君要勤政爱民、勿贪图享乐的言行，都记录在一本名为《晏子春秋》的书

晏　婴

晏婴（前578—前500），字仲，谥平，东莱夷维（今山东高密）人，春秋时期齐国著名的政治家、思想家。他主张节用爱民，多次劝说齐景公薄税敛、轻刑罚，减少奢侈行为。司马迁在《史记》中为其作传，称赞他厉行节俭，正道直行，智慧过人，说若晏婴这样的人活着，自已会高高兴兴地为他挥鞭赶车。晏婴与汉代经学大家郑玄、清代大学士刘镛并称为“高密三贤”。有研究者说，诺贝尔文学奖获得者莫言的性格养成与文学创作受到了晏婴的多方面影响。

晏　婴

中。其中有一则故事，非常生动地表现出晏婴重民的思想。齐景公一次出游时，遇到一位老人，这位老人请他不要得罪老百姓，齐景公说："确实有老百姓得罪君主的，哪有君主得罪老百姓的呢？"晏子便说："您错了。远处的人有罪，可以由身边近处的人去处置他们；低层的人有罪，可以有高层的人去处置他们；君主得罪了百姓，谁将会处置他们呢？我冒昧地问一问，当年的夏桀和商纣，是被君主杀掉的，还是被百姓杀掉的呢？"齐景公听了，马上就承认了错误。汉代的贾谊把这种观念讲得更加系统，他认为，在"国、君、吏"三个层面都要把民众放在第一位，以民众为"本、命、功、力"。以民为本，指的是以国家与民众的安危为根本，君主以民众的荣辱为根本，官吏以民众的贵贱为根本。以民为命，指的是国家要与民众同命运，君主是昏庸还是贤明以民众的判断为标准，官吏的品德由民众来评价，以民意选择官吏，以民利评判官吏。以民为功，指的是国家以民众事业的兴衰为功效，官吏能力的大小以民众的出力来判断。以民为力，就是国家是否能与民众共同奋斗努力作为标准，能与民众一起奋斗，就能战无不胜。

为什么要以民为本？中华传统文化中，是有一套系统的民本理论的。历代的思想家们千方百计地让统治者知道民本的道理所在，这样统治者才能自觉地践行。孟子说，以民为本是因为人人都有"恻隐之心"，统治者要有好生之德。汉代董仲舒的道理是：上天创造繁衍了万民，不是为了君主，而君主的设立则是为了万民。因而，如果君主能够按照天意以道德来治理民众，让民众安居乐业，上天就会支持他；如果君主施行暴政而且去残害民众，上天就会夺回赋予君主的权力。他还曾讲过：上天公平地创造了万物，例如一些动物被赋予了利齿后就不再有犄角了，有了翅膀后两足就退化了。食禄者已经有了很高的社会地位，衣食无忧，因此最不应该再与下民争利了。否则，民众不能安居乐业，就会铤而走险。自然界出现反常的变化，称为"异"，造成了祸害，就称为"灾"，灾、异，是上天对人的警告，是天意。董仲舒认为，天意就是以独特形式体现出来的"民意"，"天怒"即是"民怨"。

怎样以民为本？中华传统文化设计了一系列民本的措施，可分为以下层次：

一是以民为本，就要爱民育民，关心下层人的疾苦。《论语·乡党》中记载的孔子家马厩失火的故事广被人传颂："厩焚。子退朝，曰：'伤人乎？'不问马。"马棚烧了，孔子退朝回来，问道："伤人了吗？"没有问马。这里的"人"自然是马夫等百姓。道家学派的代表人物老子曾说："圣人无常心，以百姓为心。"

换位思考、设身处地为民众着想，这才是"圣人"。西周初年，周公就告诫弟弟康叔："欲至于万年，惟王子子孙孙永保

民。”(《尚书·梓材》)意思是保民爱民，国家才能万年不衰。“若保赤子，惟民其康乂”，《尚书·康诰》中的这句话说得更加明白，君主像爱护孩子一样爱护百姓。这种爱民的观念一脉相传，影响深远。宋代名臣包拯因宋仁宗“戍兵未息，民人劳止”，要辅臣们“尽采民弊，著为条目，务必泽及黎庶”，对其大加称赞：“大哉！先帝爱民之心如是之至。”请求仁宗向先帝学习，“以陛下求治之心，亦先帝之心也。果为国，岂不以爱民为心哉”。爱民，有时甚至要不顾自己的“政治前途”、身家性命也要为民请命。唐朝文宗太和年间（826—836），在益昌（今四川广元南）做县令的何易于，素有爱民之心，做了不少有益于百姓的事。有一年春天，他的顶头上司利州刺史崔朴与一群宾客乘船到处游玩，过益昌时，由于水流不畅，游船走得很慢，崔朴派人到县衙，令何易于派一些纤夫来拉纤。何易于接到命令，默默想了一会儿，跟随来人来到河边，拿起纤绳，要给游船拉纤。崔朴见后，赶紧叫人拦下。何易于解释说：现在是春天，老百姓正忙着耕地和养蚕，只有我这个县官没有事情可做，所以就来干这个了。崔朴听后，心生惭愧，与宾客下了游船，骑马离开了。不仅如此，何易于为爱惜民力，还冒犯天威，做了“不可思议”之事——焚烧诏书。当时的盐铁官向唐文宗建议：应该从茶叶里征收赋税，以增加国家收入。文宗依此建议向全国下了诏书。诏书下到益昌，何易于清楚当地的情形：即使不征收茶税，益昌人已不能维持正常生活，税负加重后，百姓生活会更加辛苦。于是命令下属将此诏搁置起来。下属格外担心：这是犯了死罪。

何易于认为，不能为了爱惜自己而让百姓受苦，亲手烧了诏书。好在皇帝派出的观察使素来知道何易于的官声，谅解他一心为民的苦心，未将此事奏报朝廷。何易于在益昌县令任上做了许多有益于百姓的事，比如：游说上级，减免地方税赋，让百姓安居乐业；不时召集各乡的老者到衙门来，征询他们的意见；贫穷人家有人离世无力殡葬的，他用自己的俸禄贴补；等等。何易于由此得到了当地百姓的敬仰。

二是以民为本，就要节制欲望，使民以时。孔子说，为政者要有节制地利用和享受资源，以便于对民众进行合理的资源分配。《礼记·大学》中指出："财聚则民散，财散则民聚。"为政者如果只知道聚敛财富就会使民众背叛，把财富让给民众就可以凝聚民心。节制，表现在珍惜财力资源上，也表现为爱惜人力资源，给民众派活时必须要考虑农时以及具体的情况。鲁哀公问孔子的弟子有若："年成不好，宫中所用不足，怎么办呢？"有若回答："如果百姓够用，国君怎么会不够用呢？如果百姓不够用，国君又怎么会够用呢？"《论语·颜渊》中这段对话告诫君主要处理好自己利益与百姓利益的关系。唐代的柳宗元曾写了一篇《蝜蝂传》，很有针对性，也极具讽刺性。蝜蝂是一种善于背负东西的小虫。爬行时遇到东西，就抓取过来，抬起头背着这些东西。东西越背越重，即使疲惫到极点也不停止。有的人可怜它，替它去掉背上的东西，而蝜蝂又像早先一样抓取东西。这种小虫又喜欢在高处爬，用尽了它的力气也不肯停下来，直到从高处摔下死在地上。接下来柳宗元感叹：现今世上那些贪得无厌的人，见到钱财就捞一把，用来填满他们的家产，不知道财富已成为自己的负担，还只怕财富积聚得不够。等到一旦因疏忽大意而垮下来的时候，有的被罢官，有的被贬往边远地区，也算吃了苦头了。如果一旦被起用，他们又不思悔改，天天想着提高自己的地位，加大自己的俸禄，而且变本加厉地贪取钱财，以至接近摔死的程度。他们的外形看起来庞大，名字为人，可是见识却和蝜蝂一样，也太可悲了！

三是以民为本，就要为民谋利、执政为民，"泽加于民"（《孟子·尽心上》）。1833年，江扬一带酷暑逼人，大地龟裂，旱情严重，经历了连续多年的歉收。林则徐吃睡不得安宁，苦思冥想希望能找到一个解决百姓有饭吃的办法。他向官吏们以及民间人士征求意见，得知早在宋代，江浙一带就曾引种过一年两熟的稻种，产量虽比麦高，但由于不能当作赋粮入库，地主大多宁可种麦，也拒种早稻，历代相沿成习。林则徐又将福建、湖广种植双季稻的情况，如气候、土壤等，和江南一带做了对照和分析，认为在江南一带推广种植早稻是可行的。为了慎重起见，他又找了江苏按察使李彦章，了解到李在广西思恩府任职时曾劝说农民广垦水田，试种水稻，获得两种两熟的经验。林则徐边谈边问，深受鼓舞，当即请李编一本农书，自己为该书作序，广为散发。林则徐"遂下劭农之令"，将"冬雨多，夏雨少，烂小麦，好大稻，翻得深，长得好，收得多，种得早"作歌配合宣传，大造舆论。他经过周密安排，从家乡引进生长期在40—60日成熟的稻种品种，从湖南引进生长期50—60日成熟的稻种品种及各地早稻品种等。1834年5月13日在后园田内插下第一株早稻秧苗。林则徐在百忙中，时常到田头巡视和农夫交谈。一个多月后，署前所种早稻，俱已升浆，其中湖北之种，穗长而粒多，比下河早稻为美。这次试验取得了成功，进一步以事实证明，在苏州地区种植双季稻是可行的。在舆论宣传的推动下，官吏们又将林则徐种植早稻试验成功事实广为介绍，广大民众更深信不疑，种植早稻的积极性高涨，双季稻的种植很快得到了推广并取得了成功。林则徐1835年2月在抚署内创立积谷济荒的“丰备仓”，从3月26日起到4月初，仅半个月，储谷已达400余吨。

执政为民，要倾心付出。难能可贵的是，唐代柳宗元提出了“官为民役”的观点。“夫为吏者，人役也”，人民供给官吏饮食，难道还有理由不为民众做事吗？要去掉官吏的暴虐行为，多一些对民众的慈爱之心，这样去做官并享受俸禄，也就问心无愧了。他进一步论述说，以土地为资源进行劳动生产的人，拿出其中的十分之一的收获来雇佣官吏，这就要求官吏能勤政为民、公平办事。如果家庭中雇佣了一个奴仆，他拿了工钱不做事，而且还盗取家中财物，他是不是要受到惩罚呢？而一引起官吏做了这样的事，却没有受到惩罚，是因为他们形成了势力。现实虽然如此，但仍然要明白这个根本道理，并且还要心怀畏惧呀！他的《送薛存义序》是一篇高度赞扬其同乡薛存义的文章，柳宗元把薛存义看作是“民之役”的民本廉政楷模。薛在零陵做代理县令两年任职期间，能“蚤作而夜思，勤力而劳心”。柳宗元主张民众有黜罚“怠事”“盗货”的官吏的权力，系统而深刻地论述了民本廉政思想，开出了均税赋、抑制豪强、厚德简刑等一系列政治救疗的单方，闪耀着中华传统治政智慧的光芒，为后来历代执政者的重要借鉴。

柳宗元的爱民故事

柳宗元

柳宗元（773—819），文学上取得很高的成就，是唐宋八大家之一，同时也是一位治政有方的政治家。《柳宗元治柳州》一文记述了他在柳州刺史任上的政绩。他刚到任时，当地人习惯用子女作为人质抵押借钱，如不能按约期赎回，子女就要沦为债主的奴婢。柳宗元为借钱的人想尽办法，让他们能把子女赎回去。对于特别贫穷实在无力赎取的，他就让债主记下人质当佣工所应得到的酬劳，等到酬劳和所借钱数相当时，就要放回人质。他的上级把这个办法推广到其他的州，仅一年的时间就免除了近千人的奴婢身份。柳宗元以拳拳爱民之心赢得了当地人的爱戴。

以民为本则兴，不能以民为本则亡。中国的政治家、思想家深刻地论述了违背民本的危害，对此常怀忧患之心。唐太宗李世民是一代名主，他所开创的贞观盛世，是中国历史上可数的几个著名的繁盛时代之一，社会秩序空前安定，经济繁盛，万国来贺，吏治清明，被称为没有贪污的王朝。其贡献不止于此，重要者还在于奉献了许多治国理政的经验。贞观，是唐太宗时期的年号，贞，正，常；观，示，意即以正道示人。这种“正道”集中体现在一部名为《贞观政要》的史书之中。太宗反

《贞观政要》中的民本思想

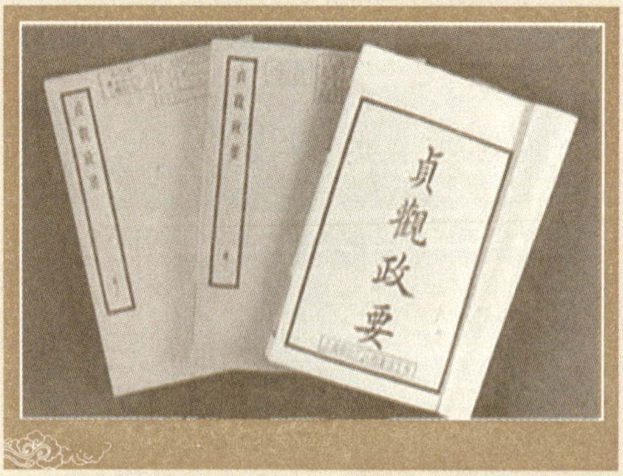

《贞观政要》是一部政论性史书，作者为唐代史学家吴兢。全书共十卷四十篇，主要辑录了贞观年间唐太宗与魏征等大臣们的对话、皇帝的诏书、大臣们的谏议奏疏等，涉及君臣关系、君民关系等许多方面。叙事详赡，文字明畅，为后代统治者所重视。书中提出的“君依于国，国依于民”的民本思想，有着重要的借鉴意义。

思隋亡的教训：“穷兵黩武，百姓不堪，遂至亡灭。”隋朝公元581年建国，公元618年灭国，国祚仅38年，其灭亡的原因恰是失了民本。李世民由此得出了“国以民为本”的思想。贞观之治，恰恰与唐太宗及魏征等大臣们“居安思危”的忧患意识有关。政权太平时间长了，容易失去危机感。唐太宗勇于听取来自民众的真实的意见，于是有了一批敢于“批龙鳞”的大臣，开创了有史以来最为兴盛的盛世。1000年后，明末清初的思想家黄宗羲（1610—1695）著有一本《明夷待访录》，总结秦汉以来中国1800多年沉痛历史教训的深刻反思，特别是总结了宋亡于元、明亡于清的历史教训。他提出不以民为本的弊端有五个：一是官吏倚仗权力欺负民众；二是官吏之间的关系盘根错节牢不可破；三是官吏不是出于大局考虑，而是从自己的利益出发去制定管理条款；四是官吏的素质很差近似于无赖；五是卖官鬻爵，任人唯亲。“明夷”一语来自周易，是指有智慧的人处在患难地位；“待访”，指等待后代明君来采访采纳，《明夷待访录》批判尖锐，对后世多有镜鉴。

三、人民民主：民本思想的创造性转化

重民本，是中华传统文化中重要的财富。同时，也应看到，在私有制的经济基础上，以民为本，不可能真正实现。君主、官吏对“民”是轻视的，“民”蕴涵着蒙昧无知、道德低下等多重含义，如古时候常用愚民、贱民、刁民等词，可没听说过贤民、

哲民、圣民等说法。在君主制下的民本，还是以驭民、牧民为基调的，目的还是为一家之天下服务。鲁哀公问孔子，国君的危险在哪里？孔子回答说："君者舟也，庶人者水也；水则载舟，水则覆舟。君以此思危。"这句话，被后世的政治家奉为至理名言。唐太宗也说："夫君者舟也，人者水也。水可载舟，亦可覆舟。"水与舟，君主与百姓，其实也透露出驭民、牧民的意思。

与现代民主相比，中国传统的民本思想强调了"为人民的统治"，而忽略了"人民的统治"。孙中山先生提出的"三民主义"，即民有、民治、民享是对中国传统民本思想的一个发展。从政治、经济和社会角度强调，国家为人民所共有，政治要由人民所共管，利益要由人民所共享。他所向往的理想社会是："真正以人民为主"，"四万万人都有主权来管理国家大事"；没有贫富悬殊和少数富人压迫多数穷人的不合理情况，全国人民"生活上幸福平等"，在未来的社会里，全体人民既是国家的主人，也是管理国家大事的主体，更是享受平等平视的主体。

只有在无产阶级领导的政权之中，人民当家作主，民本才不再是统治人民而成了人民统治。共产党人所提出的为人民服务、以人为本，是对中国传统民本观念的继承与发展。马克思、恩格斯在总结巴黎公社的经验时曾指出："旧政府权力的纯粹压迫机关应该铲除，而且政府权力的合理治疗，应该从妄图驾于社会之上的权力那里夺取过来，交给社会的负责的公仆。"在中国共产党人这里，第一次使用"为人民服务"的概念，是1942年毛泽东《在延安文艺座谈会上的讲话》。这个说法广为人知，是在1944年9月8日的张思德追悼会上，毛泽东以《为人民服务》为题发表演说。党的第七次代表大会上，把“全心全意为人民”写进了党章。

中国共产党“以民为本”思想

1945年7月1日，黄炎培等6位国民党参政员，受毛泽东的邀请，飞赴延安考察。7月4日下午，毛泽东将一行人请到自己的窑洞作客。当被问及对延安的感想时，黄炎培坦诚相对：“我生60多年，耳闻的不说，亲眼所见的真所谓‘其兴也勃焉’，‘其亡也忽焉’。一人，一家，一团体，一地方，乃至一国家，不少单位都没能跳出这周期律的支配力。初时聚精会神，无人不用心不卖力，历时长久，惰性发作，到风气养成，虽大力无法扭转，且无法补救。……中共诸君从过去到现在，我略略了解了的，就是希望找出一条新路，跳出这周期律的支配。”毛泽东回答说，只有让人民来监督政府，政府才不敢松懈；只有人人起来负责，才不会人亡政息。毛泽东用他独特的生动活泼、通俗易懂的语言阐述了党“以民为本”的思想：“共产党员应该紧紧地和民众在一起，保卫人民，犹如保卫你们自己的眼睛一样；依靠人民，犹如依靠自己的父母兄弟姊妹一样。”

2013年，一部名为《周恩来的四个昼夜》的电影给人们带来了持久的震撼。有许多观众说是“流着泪”看完这部作品的。影片讲述的是1961年周恩来总理到河北邯郸伯延公社做农村调查的故事。1958年开始，在我国探索社会主义建设新道路的过程中，党中央的决策出现了重大失误，“大跃进”运动使国民经济遭受严重的挫折，人民生活受到了极大影响。公社化后片面追求整齐划一的生产、生活方式，如公共食堂等，成为影响农村经济恢复发展的障碍。周总理为了了解实情，听取广大农村干部和农民群众的真实想法，特地来到革命老区伯延村调查研究。当地主要干部出于为党分忧之心，善意地掩盖真相，甚至把平时爱提意见的所谓“落后分子”都关押起来。最终是周总理用一颗为百姓谋利益的拳拳之心和共产党人勇于批评与自我批评的豁达胸怀，感化教育了说假话的干部，听到了农村干部和农民群众最真实的心声与呼声，听到了他们对改进党和政府农村工作的最宝贵意见和建议。伯延后来成为在中国第一个取消农村大食堂的村子，为带动全国农村经济的恢复作出了贡献。

新中国成立后，周恩来担任共和国总理长达26年之久，为人民过上幸福的生活殚精竭虑。1954年，为解决首都人民乘车难问题，他登上公交车，体验人民乘车难，同乘客商量办法，很快就解决了这个老大难问题；1960年，河北邢台地震，他冒着不断余震的威胁，亲临灾区慰问灾民，安排重建家园事宜……全心全意为人民服务是其思想的核心。晚年，他将“为人民服务”的徽章佩戴在胸前直到逝世。在病危期间乃至弥留之际，他心头萦怀的依然是人民。他在同他的革命战友和终身伴侣邓颖超商议自己的后事安排时，要求把骨灰撒到祖国的江河大地。他说：“人死后为什么要保留骨灰？把它撒到地里可以做肥料，撒在水里可以喂鱼。”他还要求医务人员解剖他的遗体。他说：“现在对癌症的治疗还没有好办法，我一旦死去，你们要彻底解剖一下，好好研究研究。能为国家的医学发展作一点贡献，我是很高兴的。”1976 年 1 月 7 日深夜，在临终前，他坦然地对大夫说：“我这里没什么事了，需要你的人很多，你去吧！”这就是他生命最后时刻的话语。

为人民服务的周总理，赢得了世界性的声誉。1976 年 1 月 8 日，周恩来逝世时，联合国旗降了半旗。为此，一些国家的外交官聚集在联合国大门前的广场上，言辞激愤地发出质问。时任联合国秘书长的瓦尔德海姆在联合国大厦门前的台阶上发表了一次不过一分钟的演讲，他说：“为了悼念周恩来，联合国下半旗……原因有二：一是，中国是一个文明古国，她的金银财宝多得不计其数，她使用的人民币多得我们数不过来。可是她的周总理没有一分钱存款！二是，中国有 10 亿人口占世界人口的 1/4，可是她的周总理没有一个孩子。你们任何国家的元首，如果能做到其中一条，在他逝世之日，总部将照样为他降半旗。”

人民的好总理周恩来，用自己的一生诠释了“全心全意为人民服务”的真谛。毛泽东在 1949 年 12 月致柳亚子的信中曾把周恩来比作周代的周公旦。后来也常有人把周总理称为“当代周公”。历史上的周公旦，居功至伟，被称为黄帝之后、孔子之前对中国产生巨大影响的政治家，他“一沐三捉发，一饭三吐哺”（《史记·鲁国公世家》），以天下民生为念，被认为中国传统民本思想典型的体现者。周恩来总理继承、弘扬了中国传统重民本的思想，同时，他基于马克思主义的信仰，又对中国传统民本思想做了新的提升。

新中国诞生，无产阶级政权成立，在中国历史上第一次使民本思想能够真正地付诸实施，“民”真正当家作主，成为国家的主人。从“民贵君轻”到“人民民主”,从“民以食为天”到“利为民所谋”。以人为本，是中华传统民本思想的发展。新中国诞生以来，尤其是改革开放30多年来，令人瞩目的大工程都是民本工程。试举几例：

取消农业税，终结千年皇粮国税。2005年12月29日，第十届全国人大常委会第19次会议经表决决定,《农业税条例》自2006年1月1日起废止。同日，时任国家主席胡锦涛签署第46号主席令，宣布全面取消农业税。在中国的农耕文化中，尽管发生过多次农民起义，抗议横征暴敛和苛捐杂税，但千百年来皇粮国税一直被农民视为应尽的法定义务，轻徭薄赋只是良好愿望,种粮不交税更是奢想了。在中国,延续了2600年的“皇粮国税”走进了历史。

全力推进医疗卫生体制改革，取得重要成绩。2012年4月，时任卫生部部长陈竺来到巴黎，接受法国国民议会议长阿夸耶代表萨科齐总统颁授的法国荣誉军团军官勋章。在接受勋章仪式上，谈到中国医疗保障的目标，陈竺说：到2015年中国人均期望寿命至少提高到74.5岁，“事实上，我心中的希望，是提高到75岁”，而在2009年这个数字是73岁。发端于20世纪80年代的中国医改历程，筚路蓝缕，不断探索，曲折前行，直至2009年4月，经过三年集中酝酿、数易其稿的“新医改方案”正式出台，标志着中国医改步入“深水区”，进入了前所未有的攻坚阶段；同时也表明了中国政府解决医改问题的重大决心和坚定信心。国务院医改专家咨询委员会委员、北京大学中国经济研究中心教授李玲谈到，在医改实施的短短几年时间内，过去很多没有任何医疗保障的老百姓，全部纳入基本医疗保障体系当中，人数已达到12.7亿人，占总人口的95%。这意味着，全民医保的制度框架已形成，一个覆盖人口最多、全世界最大的医保网在我国这个发展中国家建立。美国哈佛大学公共卫生学院教授刘远立认为，中国医改盘子很大，从服务体系到筹资和保障体系，再到资源体系建设等，医改带来了明显的成绩和效果。城乡居民健康指标差距逐步缩小，孕产妇死亡率城乡之比由2002年的1∶2.61缩小为2011年的1∶1.05。

农民医保也有了一卡通

构建现代公共文化服务体系。经济发展了，老百姓的文化生活的要求日益强烈。自2008年公共文化设施免费开放以来，中央财政累计投入近200亿元支持免费开放。在设施方面，基本实现“县有公共图书馆、文化馆，乡有综合文化站”的建设目标，建立了覆盖城乡的公共文化服务网络；近年来，实施了全国文化信息资源共享工程、数字图书馆推广工程、公共电子阅览室建设计划、流动舞台车工程、基层文化队伍培训项目等一系列重大文化惠民工程，通过实施公共文化设施免费开放工作，实现了全国约5万所“三馆一站”免费开放；启动国家公共文化服务体系示范区（项目）创建工作，为现代公共文化服务体系建设积累经验、探索路径；通过组织开展“春雨工程”——文化志愿者边疆行活动，促进内地对边疆省份的文化援助和交流，多措并举保障农民工、老年人、少年儿童和残疾人的文化权益；制定公共图书馆和文化馆建设用地指标与建设标准、服务规范等一系列文件，《公共文化服务保障法》和《公共图书馆法》等立法工作稳步推进。

结 语

与民本相对的是“官本位”。重民本就要破除“官本位”。贪官、赃官的形成，多与官本位的思想作祟有关。官本位，在中国社会生活中由来已久、影响深远，广泛渗透在社会生活各个层面，而且也深深地印刻在国人的思想观念上。吴敬梓在《儒林外史》中写了一个范进中举的故事，极其典型性地表现了这种官本位观念。范进大半生穷困潦倒，到 54 岁才考中秀才。他中举之前，穷得揭不开锅，邻里没有一个借米周济他。他地位卑微，受人歧视，岳父胡屠户可以任意辱骂他。中举后，情形就完全不同了。地位马上提升，周围众邻居称呼他为“范老爷”，胡屠户毕恭毕敬，张静斋上门送钱送房子。范进则喜极而疯，别的都“昏昏沉沉”记不得，唯独“记得是中的第七名”；对胡屠户的称呼由“岳父”转为“老爹”，与张静斋称兄道弟。这种官本位现在依然潜移默化地影响着我们的生活。2013 年，参加公务员考试的人数超过了 100 万。西方的“CAR”到了中国成了“轿车”。三厢汽车比两厢汽车更受国人青睐，据说是因为三厢车更像中国官僚们坐的“轿子”。官本位强化了等级观念，人民公仆变成了人民的主人，用人民赋予的权力欺压群众谋取私利。一些地方发生的群体事件，与领导干部浓厚的官本位意识分不开。官本位催生了以权谋私，买官卖官，贪赃枉法等腐败行为。找靠山，跑官要官，研究升官要诀。殷鉴不远。苏联社科院民意调查显示：认为苏共代表工人的占4%，认为苏共代表全体党员的占 11%，而认为苏共代表官僚的占 85%。这就不难解释为什么苏共倒台时，广大群众不但不惋惜，反而拍手称快了。如果任由官本位思想在社会发展蔓延，最终会导致害人害己，甚至亡党亡国，后果不堪设想。

齐鲁文化的核心人物、亚圣孟子曾言：“桀纣之失天下也，失其民也；失其民者，失其心也。得天下有道：得其民，斯得天下矣；得其民有道：得其心，斯得民矣；得其心有道：所欲与之聚之，所恶勿施尔也。”大意是，桀和纣失去了天下，是因为失去了人民；失去人民，是由于失去了民心。得天下有办法：得到人民，就能得到天下；赢得民心，就能得到人民。这一段话选自《孟子·离娄上》，离娄相传是黄帝时代目力极强的人。得民心者得天下，这一关系到国运兴衰的法则屡试不爽，孟子的这段话也如离娄之眼一样具有极其强大的“透视”力。

③ 守诚信

进德修业之本

引子　商鞅立木取信

商鞅

公元前361年，秦国的新君秦孝公即位。他下决心发愤图强，搜罗人才，振兴秦国。有一个卫国的贵族公孙鞅（就是后来的商鞅）。在卫国得不到重用，跑到秦国，托人引荐，得到秦孝公的接见。商鞅对秦孝公说：“一个国家要富强，必须注意农业，奖励将士；要打算把国家治好，必须有赏有罚。有赏有罚，朝廷有了威信，一切改革也就容易进行了。”秦孝公完全同意商鞅的主张。可是秦国的一些贵族和大臣却竭力反对。秦孝公一看反对的人这么多，自己刚刚即位，怕闹出乱子来，就把改革的事暂时搁了下来。过了两年，秦孝公的君位坐稳了，又想起了改革，便命令左庶长商鞅起草了一个改革的法令。商鞅要在秦国推行新法令，又怕老百姓不信任他，就先叫人在都城的南门竖了一根3丈高的木头，下命令说：“谁能把这根木头扛到北门去的，就赏10两金子。”但是没有一个人愿意上去扛木头的。商鞅知道老百姓还不相信他下的命令，就把赏金提到50两。没有想到赏金越高，看热闹的人越觉得不近情理，仍旧没人愿意去扛。正在大伙儿议论纷纷的时候，人群中有一个人跑出来，说：“我来试试。”他说着，真的把木头扛起来就走，一直搬到北门。商鞅立刻派人传出话来，赏给扛木头的人50两黄澄澄的金子，一分也没少。这件事立即传了开去，一下子轰动了秦国。老百姓说：“左庶长的命令不含糊。”商鞅知道，他的命令已经起了作用，就把他起草的新法令公布了出去。新法令赏罚分明，规定官职的大小和爵位的高低以打仗立功为标准。贵族没有军功的就没有爵位；多生产粮食和布帛的，免除官差；凡是为了做买卖和因为懒惰而贫穷的，连同妻子儿女都罚做官府的奴婢。秦国自从商鞅变法以后，农业生产增加了，军事力量也强大了。不久，秦国进攻魏国的西部，从河西打到河东，把魏国的都城安邑也打了下来。

《荀子·强国》中指出，“古者禹汤本义务信而天下治，桀纣弃义倍信而天下大乱”，因此，诚信作为“君人之大本”是从政管理者的基本信条。

一、人言为信：中国古文字中的“诚信”

“诚”与“信”都与“言”密切相关。“言”在甲骨文中写作，下面是口舌的形状，上面为一短横，表示言从舌出，是告祭祖先和神灵之意。可见，诚信的观念源于宗教祭祀时的真诚敬畏之情，说实话才能得到神明的保佑。

诚，金文字由（言，谈话）和（成，停战媾和）构成，表示谈和。也即相互之间信任并且谈和，遵守协约。篆文承续金文字形。隶书将篆文的简写成。在《现代汉语大字典》中，“诚”的第一个意思便是“真实的（心意）”，说话做事真实可信才是彼此信任的基础，诚于中才能形于外，外在行为的表现体现真实的内心，内外兼诚的人才能有所成就。《礼记·中庸》中说，“诚者自成也”，也就是说有诚心的人，必须要自己实实在在地去做，不能敷衍了事。《韩非子·说林上》中又说“巧诈不如拙诚”。

“信”字的甲骨文不可考，但在正式的金文“信”字产生之前，便有相当于“信”字的甲骨文存在，就是“辛”。因为古人在送信的时候，往往在信中加上一些东西来表示其意义。比如送上故去人的头发，表示吊唁，送上辣椒花椒等物，表示断绝来往。辣椒花椒有辛辣之意，故而“信”的甲骨文形式是“辛”字。同时，送信是一件辛苦的事情，于是辛便代表了信。另外，《尔雅》和《说文解字》认为，“信”与“孚”字相通。甲骨文中的“孚”写作，小篆写作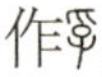，有一种说法认为这个字如鸟孵卵，寓意有卵必有小鸟诞生，必然如此之意。一直到金文时期才产生了独立的“信”字。金文中的“信”字，是人加一口字，意为许诺。流沙河先生曾说：“过去我们说‘人言为信’，说‘信’表‘信用’‘诚信’。其实，造这个字时，左边是一个人，右边是一个口，是表示一个人请另一个人捎一个口信，远古时代没有通信工具，大多以口相传，听者可能信，也可能不信。”诚信是中国传统文化中极受重视的人文修养原则，《大学》有云：“为人君，止于仁；为人臣，止于敬；为人子，止于孝；为人父，止于慈；与国人交，止于信。”

“信”既是儒家实现“仁”这个道德原则的重要条件之一，又是其道德修养的内容之一。孔子及其弟子提出“信”，是要求人们按照礼的规定互守信用，借以调整统治阶级之间、对立阶级之间的矛盾。儒家把“信”作为立国、治国的根本。汉儒把“信”列入“五常”之中。《论语·述而》：“吾日三省吾身——为人谋而不忠乎？与朋友交而不信乎？传不习乎？”

“诚”和“信”两字的侧重点有所不同，“诚”即言己所思，待人真挚；“信”即践己所诺，信守诺言。两字中都有“言”字，一左一右，即言要诚，人要信。这是中华传统文化“仁”的前提，更是中华民族几千年来的最重要的行为标准。

二、天道酬诚：中华传统文化的“诚信”观

诚信是立人、立业、立国之本。在中华传统伦理文化中，诚信更多的是一种道德范畴。诚信，属五常德之一。诚者，天之道也，诚之者，人之道也。讲诚信，在中华传统文化中占据重要位置。守诚信，不仅是做人之首务，更要贯彻到政治生活中去。人无信，固然不知其可，但政治也是无信不立。“子贡问政。子曰：‘足食，足兵，民信之矣。’子贡曰：‘必不得已而去，于斯三者何先？’曰：‘去兵。’子贡曰：‘必不得已而去，于斯二者何先？’曰：‘去食。自古皆有死，民无信不立。’”（《论语·颜渊》）可见，孔夫子是多么重视信用在政治生活中的重要性。综合来看，诸子百家对诚信这个道德范畴的表述大体相同：诚信是人的立身的根本，是人之所以为人的一个道德标准。一个人如果没有诚信就无法在社会上立足，无法做人。

孔子所说“自古皆有死，民无信不立”，意思是说诚信比人的生命还重要。人无诚信就如同行尸走肉一般。孟子说，“思诚者，人之道也”（《孟子·离娄上》），是说修养诚信是人应走的正道。王安石又说：“人无信不立”（《辞同修起居注状·第四状》），即诚信为人的支柱。另外，诚信是人与人交往的基础。中国古代的先哲们认为，以诚信为本，才有可能事业有成。孔子说：“与

朋友交言而有信”，“人而无信，不知其可也”。墨子也强调，“言必信，行必果。”简单地说就是要说到做到。最后，诚信是立国之本。在中国古代，先哲们也很看重诚信对于国家的重要作用。孔子说：“上好信，则民莫敢不用情。”（《论语·子路》）意思是说，只有统治者诚实，人民才会拥护。荀子用正反两方面的史实阐明了是否讲诚信与国家政权兴衰存亡的关系。他说：“古者禹汤本义务信而天下大治，桀纣弃义倍信而天下大乱。”（《荀子·强国》）

自古以来，中华大地上的人民都以“诚”待人，以“信”待事，“诚信”作为中华传统美德的基础，也是最基本的处事原则，对“诚信”的重视与中国传统文化的天人合一、知行一致的思想密切相关。东汉安帝永初五年（118年），杨震被提拔做荆州刺史，当赴东莱郡任太守时，路过昌邑，以前被他举荐的荆州秀才王密做那里的县令。王密去拜见他，夜里怀揣十斤金子来赠送给杨震。杨震说：“我这老朋友了解你，你却不了解老朋友，这是为什么？”王密说：“夜里没人知道。”杨震说：“天知，神知，我知，你知，怎么说没人知道？”王密惭愧而走。其实，王密也是清官，并非公款行贿杨震，只是出于报答杨震的举荐之恩，想接济一下杨震不足的盘缠。杨震一尘不染的廉洁风范，深深触动了王密的灵魂深处。为了永记杨震的谆谆教导，他不顾“行贿”之羞，不顾世人嘲讽，次日送走杨震后，他毅然取出那送礼的十斤黄金，命能工巧匠在昌邑建造了“四知台”，在县衙公堂上，悬挂了“四知堂”匾，在公堂前左侧立了“杨震却金处”石碑。从此，杨震却金的佳话，才世人皆知，流芳千古。昌邑的百姓尊重爱戴杨震，集资建造了杨震祠和杨震纪念塔，《巨野县志》也载入了杨震却金的事迹。后来又立了“杨震却金碑”。杨震慎独不亏心，将送上门的黄金退掉坚决不收的行为给当下社会的从政人员树立了榜样。于个人，杨震知行合一不愧自己的内心，立于天地之间践行着“诚信”这一行为准则；于国家，诚信乃国之宝也。

我们古老的中国素以礼仪之邦著称。自尊、自重，以诚待人，以信示人，是中华民族的传统美德。人与人之间的交往要讲诚信，国与国之间的交往更要讲诚信，诚信是交往中最为珍贵的礼物。唐中宗神龙二年（706 年）冬，安西大都护郭震准备去拜访西突厥的可汗乌质勒。这次会见是郭震第一次以朝廷封疆大吏的身份与可汗见面，因此具有特殊的意义。他说：“乌质勒贵为西突厥的首领，并不缺少这些东西。我们送多了，会让他误以为我们自恃富贵，瞧不起他；送少了，又会让他认为我们轻视他。”多次商量之后，郭震决定步行几百里路去拜见乌质勒。没走多远，原本晴朗的天突然变了颜色，紧接着，北风呼啸，鹅毛大雪纷纷扬扬地飘落下来。不一会儿，漫山遍野白茫茫的一片。雪越下越大、越积越厚，狂风刮得人东倒西歪。郭震一行人顶着风雪，深一脚、浅一脚地艰难行进着。每前进一步，都要比平时多付出几倍的力气。这时有部下提议说：“雪下得太大了，我们不如改日等天晴了再去吧。”郭震断然否决说：“不行！我们已经和可汗约定了时间，怎么可以因为一点困难就背信失约呢？如果连这么一件小事都不讲信义，又怎么能让对方相信我们呢？无论如何我们都要赶到那里！”于是，他们翻山越岭，咬紧牙关克服重重困难，终于在约定日子的傍晚时分到达了可汗的驻地。此时，乌质勒已在帐篷外面等候着。郭震一边行礼，一边致歉说：“可汗，让您久等了！雪太大，路上不好走，我们来晚了！”乌质勒连连摆手，激动地说：“哪里话，今天你们能来，是我最大的荣耀。早就听说您讲信义，今日真是百闻不如一见！大唐有您这样的人才，是大唐之幸啊！我愿意和您这样的人交朋友。”郭震的诚意深深地感动了可汗，换来了大唐和西突厥更加友好、亲密的关系。

“诚信”连接天道与人道。宇宙按照自己固有的规律运动、变化，它不以人的认可与否认而改变。“诚”，代表了自然万象、宇宙万物存在的基础。有一天，孔子对学生们说：“予欲无言。”我不想说话了。学生接话道：您不说话，我们这些学生传述什么呢？孔子道：“天何言哉？四时行焉，百物生焉，天何言哉？”天什么也没说，四季照常运行，百物照样生长。天什么也没说啊？“诚”是对天道基本特征的概括。“诚者天之道也，诚之者人之道也。”“诚”首先是不自欺，重视自己的内心，其次是不欺人。这是作为世上的人们要遵循的大道规则，唯有此，一个人才能为自己的人生找到一条道路。儒家把诚信升华为天的法则，又作为人的法则，“思诚”就是人体会天道的根本途径。因而，其一，天行有常，有自己的规则，人应按规律办事，不以随心所欲；其二，天行健，天道不息，人应自强不息；其三，天不欺人，人要讲诚信。

三、诚信为本：现代社会发展的准则

“只为风雪之夜一次生死相托，你守住誓言，为我们守住心灵的最后阵地。洒一碗酒，那碗里是岁月峥嵘；敬一个礼，那是士兵最真的情义。雪下了又融，草黄了又青，你种在山顶的松，岿然不动。”这是给2013年感动中国人物陈俊贵的颁奖词。陈俊贵是新疆维吾尔自治区尼勒克县乔尔玛筑路解放军指战员烈士陵园管理员。1979年，陈俊贵随其所在部队到达新疆，参加修筑天山深处的独库公路。1980年4月6日，陈俊贵所在部队被暴风雪困在天山深处，面临断炊。四名战士带着最后的干粮出去求援，风雪肆虐的生死时刻，班长把最后一个馒头给了当时年龄最小的陈俊贵。陈俊贵带着班长和战友们的遗愿找到了人群，部队最终得救了。在接受了4年的冻伤治疗之后，陈俊贵复员回到辽宁老家，他始终没有忘记班长的临终嘱托：希望陈俊贵能够去他的老家看望一下自己的父母。陈俊贵多方打听战友们的家庭地址和父母姓名无果后，1985年的冬天，陈俊贵作出决定，带着妻子和刚出生的儿子，来到班长和战友们牺牲的天山脚下，为战友们守墓。陈俊贵将班长和副班长的遗骨从新源县移到了新扩建的尼勒克县乔尔玛筑路解放军烈士陵园安葬，还担任了这里的管理员。陈俊贵说：“我不仅可以和班长在一起，还可以守护为修筑天山独库公路牺牲的战友们了！”陈俊贵将“诚”作为自己的内在德性，给予了我们真实、诚恳的感动。

不真诚的人是没有信仰的，真诚的人会为了自己的信仰不惜牺牲生命。他们会越过各种艰难险阻担当对道义的遵守。陈俊贵是一个崇高的人，他对战友的承诺超越了他对自身安逸的看重，守护战友的举动表现了他对自我信仰的至诚态度。郭震冒雪见可汗的举动赢得了可汗的尊重和信任，也赢得了大唐和西突厥的稳定友好，一个小举动换来的却是更大的价值。诚信是宝，是付出最少而收获最多的黄金法则。它是上天赐予人类交往的最重要的规则和最宝贵的财富。

“诚信”在当代面临着困境。2001 年中秋节前，著名老字号南京冠生园用上一年的陈馅儿做月饼，这一坑害消费者事件被曝光，在社会上引起强烈的反响，一夜间冠生园的声誉扫地，不久便被迫申请破产。2009 年，“三鹿毒奶粉”事件敲响了食品企业诚信缺失的警钟，随后不断曝光的食品安全事件——染色馒头、皮革奶、地沟油……这些事件的发生拉大了消费者与企业之间信任的距离。同时，房地产、教育业、广告业的诚信口碑也在每况愈下。

2013 年中国社会科学院社会学研究所发布的《社会心态蓝皮书》指出，人与人之间的不信任程度在进一步扩大。社科院蓝皮书课题组对北京、上海、郑州、武汉、广州等 7 个城市的 1900 多名居民进行了详细访问。结果显示，社会总体信任程度的平均得分为 59.7 分，进入了“不信任”水平。具体表现为：人与人之间的信任度下降，超过七成人不敢相信陌生人。这次

无“信”企业难生存

安然公司曾经是美国最大的天然气采购商及出售商，是叱咤风云的“能源帝国”，2000年总收入高达1000亿美元，位列世界500强第16位，名列《财富》杂志“美国500强”第七，但却于2001年宣布破产。事件起因是其虚报6亿美元的盈利，由此引发了诚信危机。这一事件又将安达信这样的世界会计巨无霸的虚假做账问题暴露于世人面前，从而引起全球更大的震惊。曾经位列世界第五的会计师事务所的安达信作为安然公司财务报告的审计者，既没审计出安然虚报利润，也没发现其巨额债务，被美国证券交易委员会罚了700万美元。安达信的信誉由此一落千丈，安达信帝国迅速消失于“夕阳”之中，被迫出售其在全球的子公司。

调查反映出中国社会诚信缺失的种种表现，最突出的就是人与人之间出现了信任危机。现在，很多人都是邻里相逢不相识，平时见面不打招呼，甚至连一个微笑都没有。有的人和邻居住了好几年，都不知道他们姓什么。生活中，人人都有朋友，但却不敢相信朋友。职场上尔虞我诈，很难交到知心朋友，一旦发生利益冲突，立刻翻脸；生活中的一些所谓好朋友只能“有福同享”，不能“有难同当”，你有困难，其他人可能会以各种理由躲得远远的；有时朋友越熟，越可能让你上当受骗，很多人做传销等事情时，都先拿“熟人”开刀。中国科学院心理研究所副所长张建新指出，“杀熟”现象的出现标志着社会信任降到了最低点。上海媒体做过一项调查，超过 90% 的人不敢相信陌生人，仅有 2% 的人表示可能会让陌生人进家门。陌生的短信、电话不敢相信，站在街头的可怜人不敢帮助，十多岁的孩子出门，家长还得陪同。清华大学媒介调查实验室调查显示，在近三年“最信赖的人”排行中，父母一直高居榜首。在人际交往范围中，41.1% 的人只有 1—3 个可信任的人；上海市政协社会和法制委员会调查表明，诚信成为“吃亏”的代名词，90.2% 的人认为诚实守信在不同程度上会吃亏。

2010 年上映的电影《人在囧途》讲述了关于玩具集团老板李成功和讨债的挤奶工牛耿的一段很囧的旅行经历。这部电影也真实地反映了现实生活中人与人之间普遍存在的信任危机问题。电影塑造了两个有着极其悬殊的生活背景的人物，即“成功人”李成功和“傻人”牛耿在面对生活时的不同态度：一个事业成功，但没有安全感，谁也信不过，

谁也信不过他；一个地道的草根，冒着傻气，愿意相信别人，也赢得了别人的信任。从牛耿与李成功的对比中，越发显示出当今社会的“成功人”的虚伪和信任感缺失的状态，对任何事情都抱有一种轻视和不信任。我们都希望别人信任我们，然而信任是相互的，当第一个人打破了信任的原则，时间久了，诚信这个品质变得异常高贵了。当所有的不信任集中在一起，社会氛围就会改变。“最直接的表现就是冷漠。面对诚信危机，都觉得个人力量渺小，于是随波逐流，一再放低道德底线，看惯了就不以为然了，于是就出现了‘小悦悦’事件、老人跌倒不敢扶的事情”，北京大学社会学系教授夏学銮这样说道。作为中华民族的一员，每个人都有义务改变这样的氛围，传承中华民族传统文化。陈俊贵和牛耿一样，在我们眼里似乎都冒着一种憨厚的傻气。但我们也许忘记了，在这股傻气的背后是一种对社会、对他人的信任。一个是遵守诺言不食言的“至诚”之人，另一个是愿意相信别人的“至信”之人。在我们的身边，这样的人还有很多：河北的诚信油条哥刘洪安，湖北的信义兄弟孙东林，48 年孤独坚守“麻风村”的唐中……

国学大师钱穆指出，中国人一向看重道德，中国人生可说是道德的人生。中国的艺术、文学和中国的道德人生调和起来，便代替了宗教的作用。朱自清先生写过一篇文章叫《论诚意》，他说：“从前论人的诚伪，大概就品性而言。诚实，诚笃，至诚，都是君子之德；不诚便是诈伪的小人。品性的表现出于自然，是整个儿的为人。君子大概总是君子，小人大概总是小人。不过一个社会里，这种定型的君子和小人并不太多，一般常人都浮沉在这两界之间。所谓浮沉，是说这些人自己不能把握住自己，不免有诈伪的时候。这也是出于自然。”他继续说：“还有一层，这些人对人对事有时候自觉地加减他们的诚意，去适应那局势。这就是态度。态度出于必要，出于处世的或社交的必要，常人是免不了这种必要的。这是‘世故人情’的一个项目。有时可以原谅，有时甚至可以容许。态度的变化多，在现代多变的社会里也许更会使人感兴趣些。我们嘴里常说的，笔下常写的‘诚恳’‘诚意’和‘虚伪’等词，大概都是就态度说的。”

中国的传统社会依赖于血缘、地缘和人缘，是一个熟人社会。在这一社会中的诚信带有强烈的人情和伦理色彩。在当代中国，许多现代人更崇尚“聪明”而非诚信。正是因为这种崇尚“聪明”的社会风气，使得人与人之间缺乏信任，彼此之间防范意识增加。熟人和亲近人的界定标准有时候是模糊的，人在天地之间是一个整体，对别人不诚就相当于对自己以及自己周围亲近的人不诚，正如达尔文的食物链一样，最终指归到自己的还是“不诚”。虽然中国传统的诚信文化具有自律性特征，它对行为人的约束是通过道德良心和荣辱感等内部力量的要求和克制，它是一种源于自我内心的约束。但是有违诚信的人，是不会有外在的惩罚和损失，仅仅可能只有社会舆论的谴责和良心的拷问。有的人会为了自身的蝇头小利忽视内心的谴责和社会的舆论。经济学家梁小民以晋商为例形象地说明了这一点，他说，晋商的票号业是以银票为依据为客户换取真金白银的，也即“见票即付”。

信——山西日昇昌票号的经营之道

山西平遥的日昇昌票号

山西平遥日昇昌票号，被称为中国近代银行业的鼻祖。现在每天仍然有很多人来这里参观。日昇昌1823年成立，1932年的时候改营钱庄，经营了108年，而这108年刚好是中国最为动荡的100年，整个企业能在这么动乱的社会环境当中保存下来，最重要的是靠掌柜的信誉。晋商的票号业在中国人的心中占有着相当重要的地位，这个地位很大一部分源于人们对先前人与人之间淳朴信任的怀念。

在1900年爆发了义和团运动，北京天津的票号分号被毁，银子被抢一空，北京的达官贵人随慈禧到了山西，到了山西就想把银票兑换成银子，票号的东家只好挖出祖辈埋在地下的银子，甚至变卖家产向客户无条件支付。但是这种商帮的诚信还是没办法阻止其最后的灭亡，这是因为中国式的诚信基于人与人的有限的了解，晋商坚持的是“用人用乡”的原则，徽商“用人用亲”也是如此。这种不以制度为基础的信任准则限制了商业和经济的发展。在商业社会还不太复杂欠钱不还毕竟还是少数的情况下，票号还是可以经营下去的，而当贸易发达、商业活动相当复杂之时，这种依托于血缘、地缘和人缘的信任就无法维持了。

中华民族讲“诚信”，西方人重“契约”，这两者既有相似之处，也存在巨大差异。西方契约诚信从根本上说是一种从外在规则约束下的守信而不是内在的德性诚信。它是通过外在强制性的规范约束对不守信的人以惩罚来实现的。在美国纽约哈德逊河畔，离美国第18届总统格兰特陵墓不到100米处，有一座孩子的坟墓。在墓旁的一块木牌上，记载着这样一个故事：1797年7月15日，一个年仅5岁的孩子不幸坠崖身亡，孩子的父母悲痛欲绝，便在落崖处给孩子修建了一座坟墓。后因家道衰落，

位于美国纽约哈德逊河畔的将军墓与孩子冢

这位父亲不得不转让这片土地，他对新主人提出了一个特殊要求：把孩子坟墓作为土地的一部分永远保留。新主人同意了这个条件，并把它写进了契约。100年过去后，这片土地辗转卖了许多家，但孩

子的坟墓仍然留在那里。1897 年，这块土地被选为总统格兰特将军的陵园，而孩子的坟墓依然被完整地保留了下来，成了格兰特陵墓的邻居。又一个 100 年过去了，1997 年 7 月，格兰特将军陵墓建成 100 周年时，当时的纽约市长来到这里，在缅怀格兰特将军的同时，重新修整了孩子的坟墓，并亲自撰写了孩子墓地的故事，让它世世代代流传下去。那份延续了 200 年的契约揭示了一个简单的道理：承诺了，就一定要做到。再看另外一个故事。有一次，孔夫子离开魏国，要前往另外一个国家。夫子看到魏国的一位大臣正在那里大量制造叛乱的武器。夫子担忧，叛乱一起，民不聊生。叛臣发现了夫子并把他们一行人包围起来，对他说："你要对天立誓，不把我的事说出去，我才放行。"夫子说："好，我答应你。"这样军队就撤掉了。撤掉以后，夫子立即对学生说："走，回魏国，告诉国君。"子路说："夫子，你何以言而无信？"夫子就跟子路说："在威胁之下的信用，可以不用遵守，而且我去通告，纵使我个人的信誉毁坏也没有关系，只要千千万万的人民免于灾难就好。"孔夫子可以舍弃契约诚信，而去成就人民真实的利益，这是中国人诚信中的通权达变。

当今中国正在为现代诚信建设努力。2014 年 7 月，国务院发布实施了《社会信用体系建设规划纲要（2014—2020 年）》。中央文明委大力推进诚信建设制度化，为现代诚信体制的健全提供了有力保障，也为培育和实践社会主义核心价值观奠定了诚信基础。信用建设不仅是市场经济的基石，也是和谐社会的基础，对于减少社会矛盾，增进社会成员之间的信任以及提高

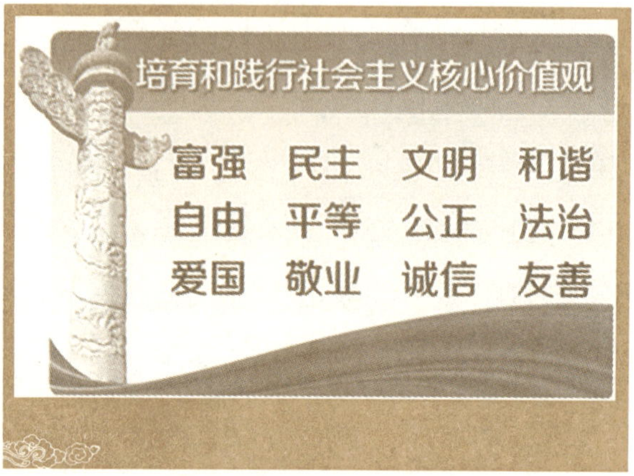

全社会的道德水平都起着非常大的作用。不管是个人还是企业单位要想立足社会，求发展，就必须加强信用建设。以国家全局的诚信制度建设背景为背景，在医药、食品生产加工、中国制造以及城市软实力等领域都加强了对诚信体系的建设规划。当代的中国正在全面意识到诚信体系的制度化建设的重要性。现今，人们的日常生活与“信用”的关系越来越密切。在网络发达的今天，打车软件、Airbnb（空中食宿网站，通过电话、网络联系租住房屋）、网络购物等电子商务在生活中应用普遍。阿里巴巴的发展便见证了“诚信就是财富”这种价值力量。“小微企业在申请小额贷款的时候，我们几秒钟之内就能作出判断。”阿里巴巴支付宝一位负责人这样说。支付宝时刻都在记录着所有商家和用户的行为细节数据，没有任何担保、抵押，就可以办贷款手续，因为对方的信用大概是在什么范围内，这套体系已经计算好了。除此之外，淘宝网还建立了以星、钻、皇冠为等级和标识的商家信用等级体系，客户可以查看消费者对店铺商品的每一个评价，了解第一手消费体验。这种全民动员和全民参与的方式让这一信用评价体系更开放、更高效。浙江工商大学副校长陈寿灿说：“谁拥有信用，谁就拥有未来。谁拥有最先进的信用技术和管理制度，谁就能走在全国乃至世界的前列。谁拥有最高端的征信和先进的评级，谁在世界上就拥有话语权。社会征信是未来中国信用建设的一个极其重要的方面。”如何维持这样的诚信体系呢？当然还需要一种行之有效的机制，阿里巴巴一位负责人说，他们现在发生欺诈案件的概率是每百万笔七八起，在惩治假冒伪劣行动中，2013 年在网络上发现的 1.2 亿件商品都及时下架，同时对于涉及 140 万人次的卖家进行了相应的处罚。“惩恶扬善机制”是保障诚信的关键。山东在 2005 年高校招生中所有考生都要签订诚信考试承诺书。考前签诚信协议书的办法在全国不少地区已进行试点推广。在不远的将来，这些将成为现实：外地游客来杭州想要租自行车，不需要交 200 元押金再办个交通卡，只要来之前先电脑预订，到了西湖边就能直接骑车走；向银行贷款，不用几天甚至数月的等待，几秒钟钱就到账上了，因为银行有你全部的诚信数据，计算机就能判断是否放贷……诚信的内涵从传统到现代，拥有了更多时代新意。中国社科院网络新媒体研究室主任孟威说：“信用的缺失和诚信体系的建设，不仅仅是一个经济学问题，也是社会学、伦理学、法学、哲学等

党的十七届六中全会提出：“把诚信建设摆在突出位置，大力推进政务诚信、商务诚信、社会诚信和司法公信建设，抓紧建立健全覆盖全社会的征信系统，加大对失信行为惩戒力度，在全社会广泛形成守信光荣、失信可耻的氛围。”

多种学科交叉要解决的问题。诚信文化不空洞，有一套好的信用奖惩联动机制作为保障。这种联动机制需要由政府出面来引导，相关的法律法规的职能部门来推动。”

短短的15年，阿里巴巴从一个18人创立的电子商务公司发展成为全球最大的在线和移动电商公司，它解决了怎么让信用有价值的问题。其中最关键的，就是让守信用的人赚钱，让不守信用的人不赚钱。网络“点赞”成为挣钱的法宝，刘芳夫妇开了一家网店，顾客“点赞”，是他们最在意的一件事情。一个个小小的“赞”，正在构筑着网络世界看得见摸得着的诚信体系。让虚拟的网络变得同样真实。诚信是他们经营这个网店的根本，每一笔订单，都来自于每一个客户的评价，它是一点一滴积累起来的。眼下各种渠道、各路平台的信用信息整合利用，成为指导个人守信、引导市场采信、倡导社会重信的得力助手。

结 语

诚信是人类生存繁衍必需的基本品德。先民们面对自然变化、生命无常，充满恐惧与敬畏，诚信之中蕴涵着强烈的求生信念、发展需求。现代诚信建立在现代社会发展的基础之上。中华传统文化中的诚信理念的创造性转换，把西方法律文化中的自由、平等、权利等契约诚信作为一个重要参考，实现了中国传统伦理诚信的美德与西方契约诚信的制度保证的结合。

④ 崇正义

坚守“社会制度的第一美德”

引子　关公秉烛护两嫂

关　公

东汉末年的关羽备受中国人推崇，被民众尊称为关公、关老爷，又多次被后代帝王褒封，直至“武帝”，故也被民间尊称为关圣帝君、关圣帝、关帝君、关帝、帝君等。他与刘备、张飞结义，排行第二，故又俗称其为关二爷、关二哥。

蜀汉的先主刘备在打天下的时候，和他像兄弟一样同床而睡。可是关公在许多人的面前，总在先主的旁边垂手站立，无论什么艰难危险，都毫不退避。曹操带领军队，攻破下邳的城池，关公被围。曹操差张辽去劝降。关公迫不得已，为保护刘备的两位夫人，与张辽约定三个条件：降汉不降曹；像原来一样照顾刘备家人；如果有刘备的消息，关羽就要回到刘备身边。曹操故意让关公和两个嫂子在一个房间里同住。关羽点燃了蜡烛，秉烛立于门外，整夜在读书，直到天明。曹操见此，更加敬服。这就是著名的“关公秉烛”。中国人敬佩关羽的才能，更敬重他的高尚的德性和品性，把他称为“武圣人”，世代供奉。

一、义者正也：中国古文字中的“正义”

“正”是“征”的本字。正，甲骨文的上半部分即口是村邑或部落的意思，下半部分即止，则是行军的意思，表示征伐不义部落。那么“正”的造字本义就是行军征战，讨伐不义之地。有的甲骨文与金文将村邑改成圆点。篆文将实心点写成一横。当“正”的“征战”本义消失后，篆文再加“彳”（行）另造“征”代替。古人称不义的侵略为“各”，称正义的讨伐为“正”。《说文解字》解释“正”的意义为纠正。“正”字形上采用“止”作字根，指事符号“一”表示阻止错误。

“义”的甲骨文为義上面的羊即羊，为“祥”，指的是祭祀占卜显示的吉兆，下面的我是我，即有利齿的戌，代表征战。“义”的造字本义指的是吉兆之战，即神灵护佑的仁道之战。古人在征战前举行祭祀仪式，占卜战争凶吉；如果显示吉兆，则表明战争是仁道、公正的，为神灵助佑的。金文義、篆文義承续甲骨文字形。篆文异体字羛=羊（羊，祥和）+弗（弗，休战），表示休战和平，揭示“道义”的另一层含义。俗体楷书义另造指事字“义”，在乂（乂，表示割、杀）上加一点指事符号，表示杀得有理。

“义”是中国古代一种含义极广的道德范畴。本指公正、合理而应当做的。孔子最早提出了“义”：“信近于义，言可复也”，“见义不为，无勇也”（《论语·学而》）。《管子·牧民》中提出，“四维不张，国乃灭亡。”“何谓四维？一曰礼，二曰义，三曰廉，四曰耻。”孟子认为“信”和“果”都必须以“君子之于天下也，无适也，无莫也，义之与比。”又说：“君子喻于义，小人喻于利。”《孟子·离娄下》：“大人者，言不必信，行不必果，惟义所在。”正者，不左不右，不前不后，不上不下之谓也。“正”字，笔画为五，从一到九个数字中，五在中间，又可以说是天地之中心也。“义”者，上羊下我，羊者，美味也，我者，自己也。“义”者，将美味供奉给天下所有的人。因此，正义是天地之间最好的称谓，也是一种含义极广的道德范畴。正义，既是一种伦理道德规范，又是人们对一定社会合理秩序的追求。

二、正邪不两立：中华传统文化的“正义”观

中华传统的正义学说，源远流长，内涵丰富，在我们的核心价值观中占据重要位置。义者，正也。正义中包含对人的行为的约束，即正当与公正；包含着对社会制度的评判，即公平与适宜；也包含天下公义，即天下为公、世界均平。崇正义，就是要坚持道义为先，当义与利冲突时，义与情冲突时，义与生命冲突时，都以取义为第一选择。

在个人行为层面，正义是人之为人的社会性要求。当义与利冲突时，要舍利而取义。在儒家思想之中，强调和坚持的是“义以为上、重义轻利”的价值观。因此要“义以为上”、“见利思义”、“见得思义”。对于个人生活与修养来说，要“义以为质”、先义后利，将义作为物质利益得失取舍的准则。“富与贵，是人之所欲也；不以其道得之，不处也。贫与贱，是人之所恶也；不以其道得之，不去也。”(《论语 · 里仁》)我们经常提及的“拾金不昧”便来源于一则经典的舍利取义的故事。清代吴炽昌《客窗闲话 · 义丐》写到一个乞丐，在河北宝行乞为生。一天，有一匹快马从他身边疾驰而过，马上的包裹因颠簸散开，金银珠宝掉在道路旁边。这名乞丐大声呼唤，但骑马的人未能听到，狂奔而去。这名乞丐经过一番思想斗争，最终将金银珠宝献给了官府。官府按当时的律令，要将一半的财物分给他，被他拒绝。失主收到官府转来的失物，非常感动：“小人何幸而值此义士！”他

看到这名乞丐尚没有地方容身，就为他盖一所宅子，让他安家立业，并在大门口挂了一块题有“拾金不昧”四个大字的匾额。《后汉书·乐羊子妻》中曾记载：“羊子尝行路，得遗金一饼，还以与妻。妻曰：‘妾闻志士不饮盗泉之水，廉者不受嗟来之食，况拾遗求利以污其行乎！’羊子大惭，乃捐金于野，而远寻师学。”这两个故事流传久远，即已说明舍利取义为中华传统文化所格外看重的美德。

义与情冲突时，同样要以义为先，甚至有时要不顾人情而接近道义。宋太祖赵匡胤年轻的时候闯荡天下，在太原一个名叫“清油观”的小道观里，救下一位16岁的女子赵京娘。她被两个强盗从山西蒲州劫持到太原。两地相距一千五百里，山川阻隔，路途遥远。赵匡胤害怕姑娘再遭意外，决定护送她回到家乡。两人共骑一匹马，路上经历了许多磨难。赵京娘心生爱慕，向赵匡胤吐露爱意，愿以身相许。赵匡胤说：我本为义送你回家，若为私情，与两个强盗有何不同？坚决不允。赵匡胤护送赵京娘回到蒲州的小祥村。赵京娘的家人千恩万谢，隆重款待，并提出将女儿许配给赵匡胤，也遭到了赵匡胤的拒绝：施恩图报，非义士所为。最终，他认赵京娘为义妹，然后毅然离开。痴情的赵京娘未再嫁人，抑郁之中早逝。这个带有悲剧色彩的故事中，凸显的恰恰是赵匡胤对道义为先准则的恪守。

在社会层面，正义是责任担当。崇正义，有时要以牺牲自己的生命为代价。当义与生命发生冲突时，要舍生取义。孟子从人生选择与人格修养的角度讲到义利观，他说，“生亦我所欲也，义亦我所欲也；二者不可得兼，舍生而取义者也”，“富贵不能淫，贫贱不能移，威武不能屈，此之谓大丈夫”。这种坚持道义的大丈夫精神对中国人价值观的影响非常深远。“人生自古谁无死，留取丹心照汗青”，这句诗是南宋末年的文天祥所写。蒙古族挥师南下，南宋朝廷岌岌可危。作为右丞相兼枢密使的文天祥多次组织军民抗击元朝军队。有人劝他不要以卵击石，无须再试图挽狂澜于既倒。文天祥认为，自己对保卫国家有不可推卸的责任，自己的抗击活动对那些有忠义之心的人具有鼓舞作用。文天祥与元军进行了多次战斗，最后因昏迷而被俘时，身上有几十处刀伤。元军多次劝降，均被文天祥严词拒绝。元朝的皇帝出面许以宰相、大将军的高官，但文天祥只求死报国。“天地有正气，杂然赋流形。下则为河岳，上则为日星。于人曰浩然，沛乎塞苍冥。”他在狱中写下的《正气歌》传之久远，他舍生取义、义薄云天的精神鼓舞着后世的许多人。

义者，宜也。崇正义就是要做合适之事、应该之事，但在许多时候，“义”并不好把握。《吕氏春秋·察微》记载了一段孔子弟子子贡的故事。鲁国有一道法律，如果鲁国人在外国见到同胞遭遇不幸，沦落为奴隶，只要能够把这些人赎回来帮助他们恢复自由，就可以从国家获得金钱的补偿和奖励。有从商才能、家境富裕的子贡把许多鲁国人从外国赎回来，但不向国家领取金钱。孔子说：“端木赐，你错了！圣人做的事，可用来改变民风世俗，可教导百姓，而不应仅仅有利于自己的。现在鲁国富的人少而穷人多，向国家领取补偿金，对你没有任何损失；

但不领取补偿金，鲁国就没有人再去赎回自己遇难的同胞了。”孔子认为：世上万事，不过义、利二字而已，鲁国原先的法律，所求的不过是人们心中的一个“义”字，只要大家看见落难的同胞时能生出恻隐之心、只要他肯不怕麻烦去赎这个人、去把同胞带回国，那他就可以完成一件善举。事后国家会给他补偿和奖励，让这个行善举的人不会受到损失，而且得到大家的赞扬，长此以往，愿意做善事的人就会越来越多。子贡不向国家领取补偿，固然让他为自己赢得了更高的赞扬，但是同时也拔高了大家对“义”的要求。往后那些赎人之后去向国家要钱的人，不但可能再也得不到大家的称赞，甚至可能会被国人嘲笑，责问他们为什么不能像子贡一样为国家减轻负担。子贡此举是把“义”和“利”对立起来了，所以不但不是善事，反倒是最为可恶的恶行。因为自子贡之后，很多人就会对落难的同胞装作看不见了。他们不像子贡那么有钱，但如果他们求国家给一点点补偿的话反而被人唾骂，很多鲁国人因此而不能返回故土。子贡赎人的故事我们应当看到“义”和“利”不一定就是对立的、不能共存的。子贡之所以被孔子骂是因为他没有认识到舍利取义的

子贡赎人和子路受牛图

人毕竟还是少数，因而，当我们做善事行义之时要把握好“义”和“利”的度，既不让受益者难堪，又不让行义者有过多的包袱，只有弄清楚行义的度，才是聪明的行义者。

各安其位，各司其职，中国传统正义观中贯穿着儒家的中庸之道。针对春秋时期“君不君、臣不臣、父不父、子不子”的混乱局面，孔子主张恢复周礼的权威，他说：“名不正则言不顺，言不顺则事不成，事不成则礼乐不兴，礼乐不兴则刑罚不中，刑罚不中则民无所措手足。”（《论语·子路》）孔子正名的具体内容，就是“君君，臣臣，父父，子子”（《论语·颜渊》）。在各自的位置就应当尽属于自己的职责。在君之位就要尽君之责；在臣之位就应有臣之德、尽臣之责；居父之位就应当有父之德、尽父的职责；居子之位就当有子之德、尽子之责。一个人在现实的社会生活里担任什么角色，或拥有什么身份或地位，就应当承担什么职责和义务，也应该有与之相对应的美德，遵守与之相照应的规则。北宋时代的大儒程颐讲道：“不偏之谓中，不易之谓庸。中者，天下之正道，庸者，天下之定理。”中庸就是不偏不倚，无“过”与“不及”。这种平衡的追求，构成了正义的基本精神。

三、天地有正气：中外不同的“正义”观

中华传统文化中的正义观念主要是一种柔性正义的观念，是一种圆融型的正义。中华传统中的正义观强调一种“观念意

识”约束，缺乏形式化的概念，也缺少规范系统化和逻辑推理的过程，个人的道德情怀的高下分别和实践是正义观念的实现方式。孔子说：“仁远乎哉？我欲仁，斯仁至矣”（《论语·述而》），“为仁由己，而由乎人哉”（《论语·颜渊》）。把仁及其所包含的正义观看作是一种个人的精神境界。孔子还主张“毋意、毋必、毋固、毋我”，他说，“可与立，未可与权”（《论语·子罕》），把通权达变看作比“立于礼”具有更高层次的智慧。这一思想后来由孟子发挥形成了“经”与“权”的重要范畴，开创了原则性与灵活性、精确性与圆融性相结合的思维方式与实践方法。

西方的正义理论大都以“精确的逻辑推理”构建一种系统的理论体系，提出一系列精确的原则和规则，并诉诸精确的法律制度规范。在《理想国》中，克法洛斯谈到老年的时候使用了“正义”和“非正义”这一概念。在苏格拉底的诱导之下，他说出了全书中第一个关于正义的定义：“欠债还债就是正义。”这个定义，在苏格拉底看来显然是片面的、孤立的。他通过是否归还发疯朋友索还的武器这样一个简单的例子就反驳了这个定义。接着克法洛斯的儿子玻勒马霍斯对这个定义稍作修改：“正义就是给每个人以适如其分的报答。”苏格拉底同样反驳了这个定义，并给出了关于正义的第一个定义：正义是一种美德。美德无法对人造成伤害。因此正义也无法对人造成伤害。接下来苏格拉底与格劳孔的讨论：谈论正义是否比非正义幸福的问题，苏格拉底吸取了前面讨论正义是什么的教训，选择了从一条迂回的道路来理解“正义”——“让我们先探讨在国家（城邦）里正义是什么，然后再在个别人身上考察它，这叫由大见小。”他认为，他设想的城邦之所以能够是完善的，是因为统治者智慧地统治他的人民，士兵们勇敢地保卫他们的城邦，农民和其他劳动阶级安分地做好他们的工作，这一切都是因为他们之前设想的一个原则：“每个人必须在城邦里执行一种最适合他天性的职务。”到这里，苏格拉底就得出了他关于正义的定义，也就是每个人做最符合他天性的职务，或者说，正义就是“只做自己的事而不兼做别人的事”。这样的话，只要城邦里的每一个人在政治上都是正义的话，那么这个城邦就自然会是智慧的、勇敢的、节制的和正义的，也就成为一个完善的城邦。这与孔子的“君臣父子”观念颇有几分相似之处。在由城邦的正义转到灵魂的正义时，苏格拉底认为，人的灵魂跟国家一样，一个完善的人他必然具有正义、智慧、勇敢和节制这四种品质。跟城邦的正义一样，灵魂的正义就是正义和谐地调和了灵魂中的理性、激情和欲望的各部分，而不正义则就是这三个部分中的某一部分反对整个灵魂，企图取代正义成为整个灵魂的统治者。

西方的正义观念主要倾向于逻辑的、理性的、理论的、精确的，中华传统文化中的正义观更偏向于直觉的、情感的、实践的、圆融的。精确的正义观有助于人们清晰地按照共同意识观念下的正义规则行事，这对于日益复杂多元化的现代社会是非常重要的。但是社会生活是极其复杂的，并不是任何问题都可以用精确的东西去衡量和把握，这就需要运用通权达变的智慧。在我们现实生活里，就必须把握好中西方不同民族传统的优势，将精确思维与圆融思维以及理论智慧与实践智慧有机地结合起来，在运用精确思维指导下的正义理论和法制的前提下，还要应用圆融的思维来实践正义的精神。

南非国父曼德拉

纳尔逊·罗利赫拉赫拉·曼德拉是南非首位黑人总统，被尊称为“南非国父”，1993年获诺贝尔和平奖。他在1962年的一场演说中讲道：“种族歧视实质是非正义的，完全违背对正义的基本态度……我相信，对这种非正义采取反对的立场，是在坚持一个崇高职业的尊严。”他确立了自己奋斗的目标，那就是对任何一种形式的种族歧视和不平等政策作长期和坚韧的斗争。他预感到自己可能会因此而遭遇不测，并且做了最坏的打算：“我们必须遵循良心的指点而不顾后果，我们可能因此而被压倒。”这一年，他被捕入狱，判了终身监禁。1990年2月，由于南非人民的斗争和世界人民的声援，他获得释放。出狱后发表的第一场演说，态度依然坚决：“我希望为这个理想而生，并希望实现这个理想，但是如果需要，我也准备为这个理想而死。”曼德拉坚持人生来平等的原则，并不是他的权宜之计，也不是什么策略性举动。作为一个长期因肤色问题而受歧视、被打压的人，他高于一般人之处的就是他没有因此坠入偏激的深渊。奴隶饱受欺压，身心严重受创，如果没有足够的理性和博大的情怀给予平衡，他的思绪会走向反面：不要当奴隶，要当奴隶主。以往被人欺负，现在要欺负人，这种方式无助于人民意识的觉醒和社会的改进。他的目光远大，气度恢宏，不但没有被某些白人统治阶级的迫害蒙蔽理智，扩大自己的对立面；反而设法团结“敌方阵营”中与自己同心同德的人，争取更多的朋友，开辟更宽阔的新路，让自己毕生奋斗的平等事业得以推进一大步。在曼德拉身上我们看到了正义的一种更为深刻的意义就是在正义的定义之中我们一定要加上“为了人类和谐幸福”，因为正义要防止“维护”过当，比如滥杀无辜、株连九族、公报私仇等等。曼德拉被称作拥有佛陀胸怀的南非斗士，他的宽容为世人所敬仰。他为正义与和平的战斗从来没有停止过，但是他的斗争始终都是温和而宽容的，这种宽容是一种更大的智慧。联合国秘书长潘基文也曾说，“纳尔逊·曼德拉为世人所敬仰，他身上体现了最高的人文价值和联合国价值。曼德拉的一生，他的力量，以及他的宽容，是世人学习的榜样。他长期反对压迫，但在推翻压迫后却对压迫者宽恕相待。曼德拉鼓舞着千百万人民，他分文不名，也无权势。他是平凡之人，却成就了不平凡的事业。世界应该对他为自由、正义、民主献出的毕生精力道一声感谢。”

借鉴西方的正义观念，我们要重视在中华传统文化的正义观融入现代的正义观念，如法律正义观。河南省平顶山市郏县人民检察院检察员马俊欣作为一名法律工作者，他对公平正义有着深层次的理解和感悟：“法律是严肃的，来不得半点糊弄。”在案管中心工作时，他曾接手一起故意纵火案件。案情很简单：一天晚上，一名外地来郏县打工的青年因失恋到一片侧柏林地散心，心灰意冷间用打火机点燃了林地的野草，随后悄然离去，幸被赶来的护林员及时扑灭。公诉部门认为被告人情节显著轻微，符合宽严相济的刑事司法政策，建议不起诉。马俊欣在认真审查完卷宗后认为，从现有证据看，对被告人不起诉没有问题。但被告人点火后的放任态度、过火面积及过火点枯草的高度、密度等细节，卷宗显示不清，而这些都是定罪量刑的关键。他将问题向业务监管中心主任和分管领导汇报，提出亲自到案发现场看一看。领导考虑到他的身体状况，劝他不要去了，让其他人或由公诉部门派人到现场。马俊欣说，既然该案由他把关，他就要对案件事实负责，对承办人和被告人负责。案发现场是一个小山坡，车开不上去，马俊欣在同事的搀扶下，步行800多米，艰难来到案发现场。现场情况让马俊欣大吃一惊，过火点就在侧柏林地的中央，过火点周围是五六十厘米高的蒿草，密密麻麻和树木连成一片。如果不是护林员及时扑灭，后果不堪设想。马俊欣遂建议对被告人提起公诉，但考虑到被告人的实际情况，他提出从轻量刑的建议。法院采纳了检察院的量刑建议，依法对被告人犯放火罪判处有期徒刑三年。有一次，在案件评查中，马俊欣发现了一个涉案当事人长期上访的案子，检察院在案件办理中有明显过错。马俊欣犹豫了，办理该案的是自己以前的老领导，现在已经退休了，如果纠正该案，老领导就要受处分，该怎么办？思量再三，马俊欣终于作出了决定：“先还老百姓公道，再去给老领导赔罪。”马俊欣的认真“导致”老领导受到了处分。事后，他又亲自到这位老领导家“赔罪”。老领导后来坦言：“我开始怎么也想不通，现在我完全明白了，俊欣这样做是对的。”马俊欣曾说：“作为法律人，一定要有一个认真的态度，正义往往需要关键时刻的一种坚持；其次是要常怀敬畏之心，敬畏法律、敬畏百姓。这是我始终装在心里的两把尺子。”

中华传统的正义观还需融入现代科学精神。在今天的现实生活中，许多人会利用网络搜索引擎来查找相关知识。当我们查阅百度百科PX词条，会发现对此物质的解释是“低毒化合物”。这一解释的确定，有一段曲折的故事，与捍卫科学正义的10名清华大学的学生有关。2014年4月2日上午，清华大学化工系有学生发现百度百科PX词条将此物质称为“剧毒化合物”。大二学生王润佳第一个将错误纠正了过来，但又被改为“剧毒”，第二天毕啸天又将百度百科PX词条从剧毒改回低毒：“我……去改词条了，但显示有冲突，说明我在改的时候其他人也在改，就没成功。晚上我发现王润佳修正的低毒版本又在8点整被改回了剧毒，我立马再改回来，8点半就被通过了。我觉得我们要通过自己的专业知识捍卫科学的严肃性。”后来不断有学生来声援，包括清华大学化工系、化学系、基科班，甚至复旦大学、对外经济贸易大学的学生。PX 词条被反复修改 36 次，4 月 4 日，最终被锁定在“低毒化合物”的准确描述上。凭着科学的良知修正错误事实，这一群青年学生的行为体现了强烈的正义感。

结　语

正义是人类文明的普遍法则和基本价值，也是人类追求平等的基石。正义有利于整个人类的和谐幸福。从新中国成立以来，我国就特别重视与第三世界国家之间的来往。2014 年 7 月 14—23 日，国家主席习近平访问了巴西、阿根廷、委内瑞拉、古巴四国，确定两洋铁路合作意向、中国和巴西签署了 56 项合作协议、中阿升级战略合作伙伴关系、合作建设重水堆核电站都将中国和拉美合作推向新纪元。习主席在与四国领导人的谈话中强调了“义利统一”才是合作发展的长久之计，以质量带动信誉。中国在追求利益的同时，不忘把“义”放在最前面，珍惜合作机会和发展契机，这是我们得以长久发展的良剂。拉美四国的领导人也多次表示，和中国交往是非常舒服的，“舒服”一词为我们和世界各国的交往打下了良好口碑和声誉。只有实现了“义利统一”，我们的道路才会走得更远，正如习主席在拉美讲话的开场白：“独行快，众行远。”维护正义需要我们付出极大的努力，如朱自清先生所说：正义之所以在我们的心里不被取出来是因为正义没有优先权，在我们心里的第一个尖儿是自私，然后是权威、势力、亲疏、情面等，正义被排在了最后。

5 尚和合

世界融合之道

引子　“六尺巷”的故事

桐城“六尺巷”

在中国安徽的桐城有一处名为“六尺巷”的人文风景。“六尺巷”位于桐城市区的西后街，巷南为宰相府，巷北为吴氏住宅，全长100多米，宽2米，巷路均由鹅卵石铺就。巷子名称的由来有着一段脍炙人口的佳话。据《桐城县志略》和姚永朴先生的《旧闻随笔》载：清康熙时，文华殿大学士、礼部尚书张英世居桐城，其府第与吴宅为邻，两府中间有一块属张家的隙地，向来作过往通道，后吴氏建房子想越界占用，张家不服，双方发生纠纷告到县衙。因两家都是显贵望族，县官左右为难，迟迟不能判决。张英家人见有理难争，遂驰书京都，向张英告知此事。张英阅罢，提笔蘸墨，在家书上批诗四句："一纸书来只为墙，让他三尺又何妨。长城万里今犹在，不见当年秦始皇。"张家得诗，深感愧疚，让出三尺地基。吴家见状，觉得张家有权有势，却不仗势欺人，深受感动，于是也效仿张家向后退让三尺。名谓"六尺巷"。两家礼让之举亦被传为美谈。1956年毛泽东主席接见苏联驻华大使尤金时，曾引用此诗，旨在告诉苏联当局，国与国之间只有遵守和平友好的准则，才能推进两国的友好关系。桐城六尺巷的故事流传广泛，已成为激励来者、感化子孙的有形教材。

一、和实生物：中国古文字中的"和合"

在中国古代文化之中，"和合"之意最早是在《周易》中被提到："乾，阳物也。坤，阴物也。阴阳合德而刚柔有体，以体天地之撰，以通神明之德。"这一说法，后来在文人的历代传承中虽然经历了多次的变迁，但是在中华传统文化中始终占据着重要位置，对于中华民族的生活和思维方式有着深刻的影响。

“和”，金文写作，是（禾）与（口）的合字，本义是用禾管编成排笛，吹出和谐的乐音。“和”在古代也写作“龢”，其中的“龠”字，甲骨文写作，像是不同音高的管忆有序排列而成的和音管乐器。东汉许慎的《说文解字》中有：“和，相应也。从口，禾声。”“和”字有这么几种意思，一是和谐、协调，如《孟子·公孙丑下》提到的“天时不如地利，地利不如人和”；二是讲和、和解的意思，如司马迁《史记·屈原贾生列传》中提到的“明年，秦割汉中地与楚以和”；三是暖和、和煦，如宋代范仲淹《岳阳楼记》提到的“至若春和景明，波澜不惊”。

“合”，甲骨文写作，左为，意为行进，代表相遇，右上为，是向下张开的嘴巴，右下为，是向上张开的嘴巴。合起来的意思是，相约相遇，两情相合。根据东汉许慎的《说文解字》一书所记载：“合，合口也。从亼，从口”。“合”字有这么几种意思，一是指汇合、汇聚。如《论语·宪问》中的“桓公九合诸侯，不以兵车，管仲之力也”；二是指联合，如汉代刘向的《战国策·秦策二》“秦与齐合，韩氏从之”，也是结合的意思；三是指符合、相符的意思，如汉代班固的《汉书·哀帝纪》“皆违经背古，不合时宜”；四是指应当、应该的意思，比如说“文章合为时而著，歌诗合为事而作”；五是指闭合、合拢的意思，比如汉代刘向的《战国策·燕策二》说“蚌方出曝，而鹬啄其肉，蚌合而钳其喙”。

从以上的几种主要的意思来看，中国古文字中的“和”“合”二字主要讲的就是一种儒家的为人处世之道，是努力建立起来的一种良好的人际关系。这与儒家的那种“礼之用，和为贵”思想是一致的。

二、和而不同：中华传统文化的“和合”观

“和合”观念，较早见之于《国语·郑语》：“商契能和合五教，以保于百姓者也。”《管子》载：“畜之以道，养之以德。畜之以道，则民和；养之以德，则民合。和合故能习，习故能偕。”《中庸》云“致中和，天地位焉，万物育焉”。《论语·学而》云“礼之用，和为贵”。《礼记·中庸》又云“喜怒哀乐之未发，谓之中；发而皆中节，谓之和。中也者，天下之大本也；和也者，天下之达道”。和合思想发展到政治领域，就有儒家本源之一——《周礼》“以和邦国，以统百官，以谐万民”的政治准则。人有了道德修养，便和合；和合是修养道德的目标和对于这种目标的追求。墨子认为和合是人与家庭、国家、社会的根本所在，“内者父子兄弟作怨恶，离散不能相和合”。它是使家庭、社会凝聚在一起，形成不离散的社会整体结构的聚合剂，是社会和谐、安定的调节剂。

传统读本《国语》

中国传统文化中的“和”，主要包括个人身心之“和”，家族邻里之“和”，国家之“和”，还有天地之“和”。儒家文化倡导推己及人，由近至远的思维模式，主张修身、齐家、治国、平天下之八德，这八德主要体现为以下几个方面，对于人与自然的关系，要洞明“和实生物”之道；个人修身养性，要讲究“心平气和”之工；与人交往，要恪守“和而不同”之法；应对潮流，要坚持“和而不流”之则；治理国家，要追求“政通人和”之理；与国交往，要坚持“求同存异、和平共处”之规，最后的终极关怀乃是“天人合一”、宇宙和谐的价值追求，这是中国古圣先贤们积千年之理论与实践而沉淀流传下来的精华瑰宝。

中国的和合思想源远流长，对于中国人的性格培养也起到了重要作用。中华先民更加注重与人为善而不是睚眦必报，汉语中的很多成语或者是俗语都可以体现出这种为人处世的观念，比如说“负荆请罪”“以德报怨”“投桃报李”“赠人玫瑰，手有余香”等。在中华传统思想中的“和合”观念之中，“和合”是一种本源的状态，是我们所要追求的一种社会的理想状态，通过“和合”才能逐渐达到传说中的理想社会；“和合”还是古人的一种品格追求，追求那种良好的人际关系。中国古人的这种“和合”观念成为千百年来的人们所恪守的一种道德理想准则，被提升为一种人格修养境界。

中国人所敬奉的和合神就是这种观念的具体体现。相传唐人万回法师是阌乡县人，俗姓张。当初，母亲因为向观音像祈祷才怀了他。万回生下来就愚笨，八九岁时才会说话。父母也

万　回

把他当作小猪小狗养活着。年龄大了，父亲叫他耕田，他耕田时却一直往前走，不知道往回返，而且嘴里只是连连说“平等”。所以，他耕一垄地能耕出去几十里远，直到遇上沟坎坑穴才会停住。父亲气得直打他，万回说：“不管哪里都得耕，为什么还要分彼此。”万回的哥哥在安西当兵服役，一点音信也没有。父母以为他死了，白天黑夜哭哭啼啼地思念他。万回看到父母思念哥哥这么厉害，忽然跪在地上说：“你们整天哭哭啼啼的，莫不是为哥哥担忧吧！”父母见他如此懂事，有点半信半疑，便说：“正是。”万回说：“细想我哥哥所需要的东西，不外是衣服干粮鞋帽之类，请你们都准备好了。我要给他送去。”他早上便带着准备好的东西出发，晚上就返回了家，告诉父母说：“哥哥平平安安的，各方面都很好！”从他所在的弘农村到哥哥所在的安西有一万多里远，世人因为他能日行万里远又返回来，所以称他为“万回”。万里之遥，朝发夕返，故名“万回”，民间俗称“万回哥哥”，以其象征家人之和合，自宋代开始祭祀作“和合”神。

关于和合神，还有另外一段故事。旧时婚嫁，堂屋一般要挂“和合二仙”像，洞房桌上要放瓷质“和合二仙”塑像，拜堂则叫拜“天地和合”。一些地区在举行婚礼时还有“新郎新娘拜和合歌”，歌中唱道：“红烛开花喜连连，我叫新郎新娘拜天地。牵牛织女来相会，一对和合似神仙。”相传，这一对和合二仙是唐代的寒山、拾得这两位隐居天台山的僧人。《续文献通考》曰：“寒山者贞观中隐寒岩，时来国清寺，望空噪骂。寺僧逐之，则大笑。后于寒岩缩身石穴，缝泯无迹。拾得者，乃丰干禅师道侧所拾之儿，携养于国清寺，遂名拾得。稍长，任役厨间涤器，常投残食于筒。寒山常来寺，就拾得取食之。”二人交情甚好，亲如兄弟，经常吟诗作偈，互相唱和。民间还流传着这样一个故事：寒山和拾得同时爱上一个女子，但互相不知道。后来，拾得要与那女子结婚，寒山才知道，于是离家到苏州枫桥，削发为僧。拾得知道了此事，于是舍女来到江南，寻找寒山。拾得

“和合”二仙

探知其住处后，乃折一盛开的荷花前往见礼。寒山一见此情景，急持一盒斋饭出迎。二人乐极，相向为舞，于是拾得也出了家。二人于是开山立庙，名为“寒山寺”。两人在以后的朝代中又被皇帝敕封为“和合二仙”，被人们当作是吉祥和喜庆的象征。就像是二人手中的“荷”和“盒”的寓意一样，成为“和合”的一种象征。而历史上最著名的皇帝之一乾隆皇帝也特别重视这种和合思想，他的一生共有上百枚印章，其中有一枚就是“保和太合”之印。

中国古人在追求“和合”思想的时候，遵守着一种“和而不同”的思想。《左传·昭公二十年》记载了齐景公与晏子的一段故事。景公从打猎的地方回来，晏子陪伴在左右，这时梁丘据也驾车赶来了。景公说：“只有梁丘据同我‘和’啊！”晏子说：“梁丘据只不过是‘同’而已，哪里有‘和’呢？”景公疑惑，便问：“和与同不一样吗？”晏子借机发表了一大通言论：“‘和’，就像做肉羹，用水、火、醋、酱、盐、梅来烹调鱼和肉，用柴火烧煮。厨工调配味道，使各种味道恰到好处；味道不够就增加调料，味道太重就减少调料。君子吃了这种肉羹，用来平和心性。国君和臣下的关系也是这样。国君认为可以的，其中也包含了不可以，臣下进言指出不可以的，使可以的更加完备；国君认为不可以的，其中也包含了可以的，臣下进言指出其中可以的。去掉不可以的。这样，政事平和而不违背礼义，百姓没有争斗之心。所以《诗·商颂·烈祖》中说：‘还有调和的好羹汤，五味备又适中。敬献神明来享用，上下和睦不争斗。’先王使五味相互调和，使五声和谐动听，用来平和心性，成就政事。音乐的道理也像味道一样，由一气、二体、三类、四物、五声、六律、七音、八风、九歌各方面相配合而成，由清浊、小大、短长、疾徐、哀乐、刚柔、迅速、高下、出入、周疏各方面相调节而成。君子听了这样的音乐，可以平和心性。心性平和，德行就协调。所以，《诗·豳风·狼跋》说：'美好音乐没瑕疵。'现在梁丘据不是这样。国君认为可以的，他也说可以；国君认为不可以的，他也说不可以。如果用水来调和水，谁能吃得下去？如果用琴瑟老弹一个音调，谁能听得下去？"《论语·子路》中有："君子和而不同，小人同而不和。"这句话的意思是说君子在人际交往中要能够与他人保持一种和谐友善的关系，但在对具体问题的看法上却不必苟同于对方。在政治生活或者日常生活中，每当不同的人群、不同的阶级站在自己所在的立场的时候，就会对某同一个问题产生各种各样的不同看法。而最好的解决方式应该就是相互之间通过沟通交流、心灵对话而达到一种共识或者是统一。中国古人提出的这种"和而不同"即使暂时统一不了思想也不会伤了和气，可以在以后的时间里经过实践和现实的检验来证明到底哪一方的思想或者是看法更为贴切、更能有说服力；因此，真正的君子之交并不会刻意追求那种时时刻刻的一致性，反而会允许对方有自己的不一样的独立看法或者见解，而不是为了刻意追求一致性而隐瞒自己的不同观点，这样才算得上真正的为人处世之道，才算得上是坦诚为人。《国语·郑语》中用各种不同的比喻来形象地解说和而不同："夫和实生物，同则不继。以他平他谓之和，故能丰长而物归之；若以同裨同，尽乃弃矣”；“以土与金木水火杂，以成百物”；“以和五味以调口，刚四支以卫体，和六律以聪耳，正七体以役心”；“声一无听，物一无文，味一无果，物一不讲”。金木水火土相合生成万物，酸甜苦辣咸五种滋味满足人们口味，协调六种音律来悦耳，端正七窍来服务于心智。意思是说，多种因素相互配合、协调来组成新的事物或达到理想的效果；相反，只有一种声音就谈不上动听的音乐，只有一种颜色就构不成五彩缤纷的景象，只有一种味道就称不上美味。所以在很大程度上，只有允许不同的事物存在，才能形成五彩缤纷、繁荣向上的局面；否则便陷入单调、乏味乃至死亡的境地。

与儒家并行，道家也有过很多关于“和合”“和而不同”的观点和看法。道家讲究一种清静无为的生活方式和处世态度，这本身来说就是一种“和合”的态度。与世无争，不去刻意追求什么，按照现在90后的一种自我标榜的说法就是“我很好，但是我不吵不闹不炫耀”。另外，庄子强调人应该追求“与天和”，庄子在《庄子·天道》中提到“夫明白于天地之德者，此之谓大本大宗，与天和者也。所以均调天下，与人和者也。与人和者，谓之人乐；与天和者，谓之天乐。”《老子》一书中提到了“和

《老子》中有丰富的“和合”的言论，如“万物负阴而抱阳，冲气以为和”，“知和曰常”，“和其光，同其尘”，(赤子)“终日号而不嘎，和之至也”，等等。

其光，同其尘”的说法，魏晋时期的玄学家王弼在解读这句话时说，和光同尘只是表象，而最主要的关键点则是“和光而不污其体，同尘而不渝其贞”。

三、他山之石：中国“和合”智慧与西方生态主义观念

中国古人是非常注重这种和合思想的，并且追求这种和合思想下的那种天人合一的境界，做到人与人、人与自然、人与社会的自然和谐的统一，只有这样人类文明才能和谐有序地发展和进步。在中国数千年的历史长河中曾经有这么一个美丽的国家——楼兰古国。楼兰是一个小国家，在汉代附属匈奴，濒临咸水湖泊罗布泊。西汉时候，楼兰的人口总共1.4万人。据《史记·大宛列传》和《汉书·西域传》记载，早在公元2世纪以前，楼兰就是西域一个著名的“城廓之国”。它东通敦煌，西北到焉耆、尉犁，西南到若羌、且末。有着整齐的街道，市场热闹和雄伟的佛寺、宝塔。古代“丝绸之路”的南、北两道从楼兰分道。到公元4世纪，楼兰国突然从历史的书籍上消失。300年后，玄奘西天取经路过此地，早已空旷，荒无人烟。唐朝大诗人李白、王昌龄曾经写下“愿将腰剑下，直为斩楼兰”和“不破楼兰终不还”等诗句，当时的人们是把西域诸多国家代称为楼兰。1900年3月，楼兰的墟城才再一次被人们发现。这一年瑞典的探险家斯文赫定根据线索发现了楼兰的遗迹。而现在，楼兰古

楼兰遗址及部分出土文物

城四周的墙垣已经坍塌，只剩下断断续续的墙垣孤伶伶地站立着。城区呈正方形，面积约10万平方米。楼兰遗址全景旷古凝重，城内破败的建筑遗迹了无生机，显得格外苍凉、悲壮，似乎是在向来到的人群诉说着自己的灿烂与没落。据历史记载，楼兰的败落与当地人不注意保护自然环境，只顾盲目的砍伐、开垦，而没有采取很有效的措施对环境进行保护有关，加上楼兰本身所处地理位置的干燥气候，使得这里的环境越来越恶化，沙漠化严重，原本美丽漂亮的楼兰国最终被沙漠侵蚀只留下一个美丽的传说。

近些年，西方生态主义观念越来越得到人们的重视。生态主义是指一种较为激进的绿色整治与哲学理论。它承认人与自然之间并没有固定不变的界限，张扬生态平等和生态中心主义。生态主义是在全球生态危机的压力和现代环境运动的激发下，伴随着从工业文明到生态文明时代精神的转变而兴起的。生态主义最先表现为一种环境主义的思潮。伴随着生态运动的发展，生态主义逐渐发展为一种激进环境主义，经历了动物解放／权

利论、生命中心论、生态中心论诸种典型理论形态并以深层生态学为其极端理论形态。生态主义的意义是提出了生态价值观

《日出·印象》“印”出生态问题

1873年英国的莫奈在阿弗尔港口创作了一幅油画，题为《日出·印象》。当我们把这幅画看作是一幅美丽的艺术品时，它是一幅海景写生画，整个画面笼罩在稀薄的灰色调中，笔触随意、凌乱，展示了一种雾气交融的景象。日出时，海上雾气迷蒙，水中反射着天空和太阳的颜色。岸上景色隐隐约约，模模糊糊看不清，给人一种瞬间的感受。但是当我们把这幅画放到它所处的时代背景来看，其实可以反映出一个问题，就是在工业革命之后的英国空气污染已经十分严重，伦敦也被称为“雾都”，这个带有一些诗意的称呼是对这个时候英国环境的真实写照。

莫奈《日出·印象》

并重新界定了人与自然的和谐统一关系。这种生态主义观念最早应该起源于18世纪英国的工业革命之后，随着工业革命的进行和开展，社会越来越进步，经济获得了前所未有的动力而实现迅猛发展，人类似乎是开启了一个新的文明时代。但随着经济的发展，污染问题却越来越凸显。工业革命的初期，大部分工厂都建在水源方便的地方，便于取水和排污。随着越来越多

周恩来的和平外交

当年参加万隆会议的菲律宾代表团长卡洛斯·罗慕洛（时任驻美大使），是位众所周知的反共亲美的外交官。在会议初期，他曾与少数人一起公然攻击共产主义，并声称面临中国“颠覆”威胁。会议期间，周恩来总理指出，中国代表团是来求团结而不是来吵架的，是来求同而不是来立异的。我们与会者应当求同而存异，将共同的愿望和要求肯定下来。周恩来坦诚的发言和真诚的人格魅力让罗慕洛动容，在他看来，周恩来不顾“克什米尔公主号”事件发生，仍毅然率中国代表团与会，表明中国的一片诚心和亲仁善邻的和平思想。罗慕洛转变态度，同周恩来进行友好接触，出席周恩来宴请，并对中国提出的和平共处五项原则表示赞成和赞赏。时任菲律宾副外长的苏亚雷斯称赞说，东方人的智慧在周恩来身上淋漓尽致地展现出来！

的工厂的建立，排放的污水、废气越来越多，人们的生存环境急剧恶化，一些人开始思考：为什么我们身边的空气越来越使我们难以呼吸，为什么我们的水质越来越差，我们的土地越来越贫瘠？这种生态主义价值观与中国传统的“和合”思想不谋而合。

中华民族的“和合”思想与西方的生态主义批评观都是在人们关注自身发展的前提下提出来的一种更高的追求。我们现在所提倡的“和谐社会”的建设是人与人的和谐、人与社会的和谐，也是人与自然关系的和谐。生态发展才是一种真正的、合理的发展观，才能实现最大限度的可持续发展。

四、当代传承：和平共处五项原则

“和合”思想是中国古老哲学的结晶，是指导中华先民在处理人际关系以及社会关系上的重要原则。新中国成立之后，这种哲学思想被运用到了国际关系的处理上面，“和合”思想得到了很好的传承和延续。新中国成立后，为打破西方资本主义国家对于新中国的外交封锁，在处理与周边国家关系的时候，由时任中国总理周恩来于1953年年底在访问印度时提出“和平共处五项原则”——互相尊重主权和领土完整、互不侵犯、互不干涉内政、平等互利、和平共处，并于1954年成为指导中印以及中缅关系的具有创造性和时代性价值的对外交流准则。印度尼西亚于1955年4月在万隆举行了有29个国家和地区参加的万隆会议，会上发表了《关于促进世界和平与合作的宣言》，其中就包括了这五项原则的全部内容。

1957年，时任中共中央主席、中国国家主席的毛泽东在莫斯科宣布："中国坚决主张一切国家实行和平共处五项原则。"1974年，中国国务院副总理邓小平在特别联大上再次强调国家之间的政治和经济关系"都应建立在和平共处五项原则的基础上"。1988年，中共中央军委主席邓小平提出以和平共处五项原则为准则，建立国际政治经济新秩序的主张。和平共处五项原则还被许多国际多边条约和国际文献所确认。1970年第25届联合国大会通过的《关于各国依联合国宪章建立友好关系及合作的国际法原则宣言》和1974年第6届特别联大《关于建立新的国际经济秩序宣言》中，都明确把和平共处五项原则包括在内。

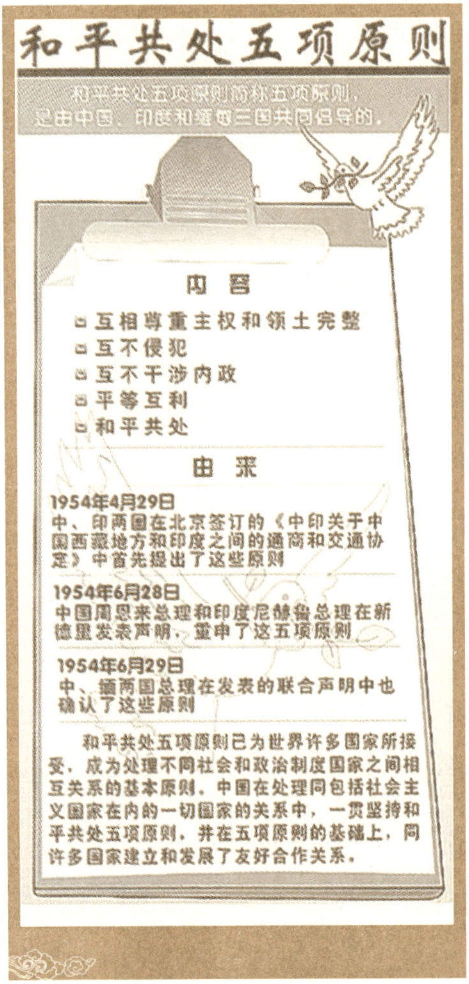

在2013年12月19日《人民日报》上刊登了一篇《王毅总结今年中国

外交成果　展望明年外交工作》的报道，报道中提到了2013年以来我国在外交上取得的成果、发展和突破：习近平总书记、李克强总理等中央领导出访足迹遍及亚非拉及欧洲、北美各大洲，同300多位外国政要会见接触，接待60多位外国国家元首和政府首脑来华，我国同各国签署近800项合作协议。这些丰硕的外交成果的取得取决于我们一直坚持的“和平共处五项原则”，在方针的指导下，让其他国家看到了我们一心修好、建立和谐世界、追求和平的诚意，所以我们在外交过程中可以坦诚相见，这样必然会取得别国的信任和示好。

2014年是“和平共处五项原则”正式提出60周年。2014年6月28—29日在北京举行了庆祝活动，中国国家主席习近平、国家总理李克强、缅甸总统吴登盛、印度副总统安萨里出席了庆祝活动。习近平主席发表讲话说：中国将继续做弘扬和平共处五项原则的表率，推动建设持久和平、共同繁荣的和谐世界。

结 语

中国是一个爱好和平的国家，中华民族是一个热爱和平的民族，坚持把发展经济、改善民生作为党的第一要务和中国特色社会主义社会的优先方向。目前的中国处于发展的转型期，虽然中国已经成为世界上第二大经济体，但是中国仍然坚持在和平共处五项原则基础上，奉行以邻为伴、以邻为善的方针，处理好与亚洲周边国家的友好外交关系，进而维护亚洲和平稳定和共同发展的良好局面。通过自己的努力和邻国的帮助共同打造一个和平、稳定的外部环境。在当代社会，推广和合思想有利于我们一直坚持的和平与发展的世界主题，是我们提倡的和平崛起的一种体现。当前，人与自然的关系越来越紧张，和合思想有利于我们建立一种正确的发展观和价值观，建立一种典型的人与自然的和谐关系，这是对科学发展观的深切体现。

6 求大同

未来理想之光

引子　康有为的“大同”梦

康有为

1898年，农历戊戌年，中国的清政府正经历一次改革的阵痛期。时势造英雄，在这种风云变幻的乱世之期，有一个叫康有为的年轻人，看到中国社会和政府的落后、腐败，立志要进行一次惊天动地的改革，以使得中国走上富强之路。他和他的得力门生梁启超一起掀起了一次本可以挽救中国落后现状、使中国走上先进民主制度之路的变法运动——戊戌变法。虽然这次运动由于多方面的原因最终夭折，但是它对于中国的意义却是深远的，可以说它影响了中国的百年历程。康有为在自己的《大同书》里设想了一个理想的社会，提出了破除“九界”、全球一体、至公、公平、至仁、至治的未来社会模式。康有为在设计这一理想社会时，兴致盎然，细致入微，比如居住之乐：“人人皆居于公所，不须建室，其工室外则有大旅舍焉。……旅舍之大，有百千万之室，备作数等，以待客之有贫富者。其下室亦复珠玑金碧，光彩陆离，花草虫鱼，点缀幽雅；若其上室，则腾天架空，吞云吸气，五色晶璃，云富雾槛，贝阙珠宫，玉报瑶殿，诡形殊式，不可形容；而行室、飞室、海舶、飞船四者为上矣”；比如饮食之乐：“只有公所、旅舍，更无私室，故其饮食列座万千，日日皆如无庶大会，亦有机器递入私室，听人取乐。其食品听人择取而给其费。……饮食日精，渐取精华，而弃糟粕……新制日出，则有能代商品之精华而大益相同者，至是则可不食鸟兽之肉而至仁成矣”；再如衣服之乐：“衣服无别，不异贵贱，不殊男女，但为人也无不从同；惟仁智异景，以励进化矣”；等等。康有为的大同思想既吸收了中国古代的大同思想、佛教的慈悲思想，又吸收了基督教的平等观念和欧洲的空想社会主义思想，同时还不时闪烁出近代资产阶级民主主义思想的光华。

一、万物融合：中国古文字中的“大同”

甲骨文中的“大”字有两种写法：和，就像张开双臂、顶天立地的成年人，这就是“大”字的本义。另外在《说文解字》中还提到了“大”字的其他一些意思，比如说是作为形容词表示数量、面积、容积等方面的大，比如说《庄子·逍遥游》中“鲲之大，不知其几千里也”；还有指辈分较长或者是排行靠前的意思，比如说《乐府诗集·孤儿行》中提到“大兄言办饭，大嫂言视马”；还有一种意思是指敬重、注重，例如《荀子·天论》说“大天而思之，孰与物畜而制之”；等等。

“同”字的甲骨文是和的结合，表示夯地的号子。清代段玉裁《说文解字注》中有：“合会也。从口。口皆在所覆之下。是同之意也。徒红切。九部。”甲骨文的“同”字类似一个象形的打桩用的夯，所以它的本意是指众人在打桩夯地时喊号子统一用力；后引申为做同一件事情，比如说在《易·乾》中提到的“同声相应，同气相求”，以及《广韵·东韵》中的“同，齐也”。“同”字还有一些其他的意思：一是指相一致、没有区别，为动词，比如说《周礼·大司徒》中“六曰同衣服”，《孙子·谋攻》提到的“不知三军之事而同三军之政者，则军士惑矣”；二是指的是相一致的、一律的意思，这里指的是形容词，比如说《论语·徽子》中的“鸟兽不可与同群”、《孙子·谋政》中的“上下同欲者胜”；等等。

中华传统文化中，最先提到“大同”的是儒家经典《礼记·礼运》篇：“大道之行也，天下为公。选贤与能，讲信修睦，故人不独亲其亲，不独子其子，使老有所终，壮有所用，幼有所长，矜寡孤独废疾者，皆有所养。男有分，女有归。货恶其弃于地也，不必藏于己；力恶其不出于身也，不必为己。是故谋闭而不兴，盗窃乱贼而不作，故外户而不闭，是谓大同。”

“大同”本义上就是讲的一种和谐的理想社会。在这种理想的社会之中，人们有大的度量、好的品格，不为小事斤斤计较，并且有共同的理想信念，有一致的目标追求，在做任何事情的时候都齐心协力，在自己的岗位上兢兢业业，而不会再有那种为了自己安逸而不思进取、贪图享受的人。在中国古代不同的历史时期，如果由于统治者的政策不利于社会的发展，使得民不聊生的时候，各阶层人士就会热切向往一种更好的社会。他们虽然无力去实现这种追求，但是却可以在心中勾勒这种美好的蓝图，比如说《礼记·礼运》篇中的“大道为公”、老子所提出的“小国寡民”、墨家的“兼爱非攻”等，这些都是一种理想社会的规划。

二、天下为公：中华传统文化的“大同”观

在《礼记·礼运》提到大同世界之前，中国古代的一些文献里面也提到过类似的说法，比如说《诗经·魏风·硕鼠》中的“乐土乐土，爰得我所”，就表现了当时的人们希望生活在

一个公平正义的社会中的愿望；孟子在自己的著作中提到要实行“王道”，这种王道主要是推行教化、用传统的孝悌礼仪来培养人们的道德情操和良好品格，最终达到净化社会风气的效果；墨家的《墨子·尚贤下》也有这种“大同”思想的体现：“有力者疾以助人，有财者勉以分人，有道者劝以教人。若此，则饥者得食，寒者得衣，乱者得治。”这些思想最终成为古人追求建立“大同”社会的思想土壤。

中华民族传统的“大同”思想的形成，其实是对现实的一种不满和批判，希冀通过这种方式来抒发自己心中的真实想法。它的基本意义就在于希望建立一个公平、正义、理想的美好社会，建立一个人与人、人与社会、人与自然和谐的社会。在《列子》中提到了这么两个理想国——“华胥国”“终北国”。黄帝梦游华胥国，看到在这样一个国家中人们怡然自乐的生活：“其国无帅长，自然而已。其民无嗜欲，自然而已。不知乐生，不知恶死，故无夭殇。不知亲己，不知疏物，故无所爱赠。不知背逆，不知向顺，故无利害。都无所爱惜，都无所畏忌。入水不溺，入火不热，斫挞无伤痛，指擿无痛痒。乘空如履实，寝虚（宿），若处床。云雾不碍其视，雷霆不乱其听，美恶不滑其心，山谷不踬其步，神行而已。”也就是说在这个国家里，没有统治和被统治之分。人民没有超出生活必需的欲望，也坦然面对生死。对人对物，一以待之，毫不偏废。既不爱惜什么，也不畏惧什么，一切都顺其自然。

华胥国

《列子》中记载，“华胥氏之国，在弇州之西，台州之北”，言之凿凿，但又说，“不之斯（离）齐国几千万里”，只能神游。明末凌濛初编著《二刻拍案惊奇》中有一则《田舍翁时时经理，牧童儿夜夜尊荣》的故事，也由华胥国的传说而来，讲孤苦的寄儿在睡觉之前念叨一百遍“婆珊婆演底”，晚上做梦进入了华胥国，被任命为著作郎，招为驸马，高头骏马，旗帜鼓乐，后立了大功，被封为黑甜乡侯，宝贵到极点。陕西蓝田的宋家庄至今还保留着一个记载三皇五帝的古石碑，在石碑的上方正中，刻有“古华胥”的三个阴文，左边刻有“伏羲肇娠”，右边刻有“黄帝梦游”的字样，是我国关于华胥国的唯一的历史见证之地。另外，蓝田至今还有华胥陵的存在。这些都是中国人对于理想之国苦苦追求的明证。

天下大同的思想原本只是古代文人的一种美好的社会愿望，借此来反思社会的问题所在。《桃花源记》是东晋陶渊明的代表作之一，约作于永初二年（421 年），即南朝刘裕弑君篡位的第二年。文中描绘了一个世外桃源。东晋太元年间，有一个以捕鱼为业的武陵人。他沿着小溪划船，忽然见到桃花林，生长在溪水两岸几百步的地方，花草鲜艳美丽，飘落的花瓣繁多而纷乱。

渔人对此感到诧异。沿溪而上，在溪水发源的地方就看到一座山，山上有个小洞口隐隐约约有点光亮。他从洞口进入之后发现，这里面土地平坦宽阔，房屋整齐，有肥沃的田地、美丽的池塘和桑树竹林之类的景物。田间小路交错相通，邻里之间互相都能听见鸡鸣狗叫的声音。这里面的人们在田里来来往往，耕种劳作，老人和孩子们个个都安闲快乐。村里的人见了渔人，都非常惊讶，热情地邀请他到自己家里去，摆酒杀鸡款待他。村里的其他人说他们的祖先为了躲避秦朝时的战乱，带领妻子儿女和同县的人一起来到这与世隔绝的地方，与外面的人也没有了来往。他们不知道现在是什么朝代，也不知道有过汉朝，更不用说魏、晋了。渔人把自己知道的事情一一详细地告诉了他们，村里人都感叹惋惜。他离开的时候，桃花源里的人嘱咐他说："这里的一切不值得对外面的人说，不要告诉别人。"出桃花源后，他就沿着之前的路回去，并且随时做了标记。他到了郡城下，拜见了太守，述说了在桃花源的所见所闻。太守立即派人跟随他前往，寻找先前所做的标记，但是最终还是迷失了方向，再也找不到回去的路。

《桃花源》美术作品

桃花源现已成为理想社会、美好生活的象征。陶渊明借此来表达自己的不满和政治理想。年轻时的陶渊明本有“大济苍生”之志，可是，他生活的时代正是晋宋易主之际，战火频繁，再加上东晋王朝统治者非常的腐败无能，对外只知道投降求和，宁愿丧失国土安于江左一角而不知奋起抗争。统治集团生活荒淫，内部互相倾轧，军阀连年混战，赋税徭役繁重，加深了对人民的剥削和压榨、人民生活困苦不堪。在国家濒临崩溃的动乱岁月里，陶渊明的雄心壮志根本没有得以实施的环境和机会。给以陶渊明更深打击的是当时的东晋王朝承袭先前旧的制度。当时实行等级鲜明的门阀制度，以此来保证高门士族贵族官僚的特权，致使中小地主出身的知识分子没有施展才能的机会。像陶渊明这样一个祖辈父辈仅做过太守一类官职、家境早已败落的寒门之士，当然不会被当时的统治者所重视，更不要说给他一个施展自己才华的机会了。加之他性格耿直，不知变通，有着文人天生的一种不愿卑躬屈膝攀附权贵的傲骨，因而和污浊黑暗的现实社会发生了尖锐的矛盾，显得格格不入。于是在义熙元年（405 年），他挂印而去，辞去了上任仅 81 天的彭泽县令，决心远离仕途和朝廷，开始了自己长期归隐田园、躬耕僻野的生活，成为中国归隐派的先祖和后人模仿的对象。

桃花源是中国古代历史上文人第一次有完整描述的大同社会，虽然里面没有提到政治制度如何、社会保障如何、人际关系如何，但是它是最先提出有这么一个美好的社会存在，并且给人以希望和寄托。使得中国古代文人每每都想要找到这个人间圣境过上一种与世隔绝、梅妻鹤子的悠然自得的生活。虽然从某种程度上来说，这是一种逃避现实的做法，但是它仍然不失为一种美好的寄托。

在中国历史上，大同社会的理想最核心地体现为“公平、平等”问题，最具代表性的是历代农民起义所提出的口号。中国是农业大国，农民占据全国人口的绝大部分。农民以耕地为自己的生存基础，历代农民起义的一个共同特点就是提出以平均地产为核心的平均主义思想，这也是他们阶级意识形态的主要反映。宋代钟相等人提出“等贵贱、均贫富”；明代李自成以“均田免粮”号召农民起义；清代咸丰初年，洪秀全颁布《天朝田亩制度》，将农民平均主义思想制度化发展到了最高峰。《天朝田亩制度》中讲到了关于土地分配的问题：废除封建土地所有制，按人口和年龄平均分配土地，“凡天下田，天下人同耕”和“无处不均匀，无人不饱暖”，以户为单位，不分男女，按人口和年龄平均分配。太平天国还将土地按产量的多少，分为九等，然后好坏搭配分配各户，并提出了丰荒相通、以丰赈荒的调剂方法。

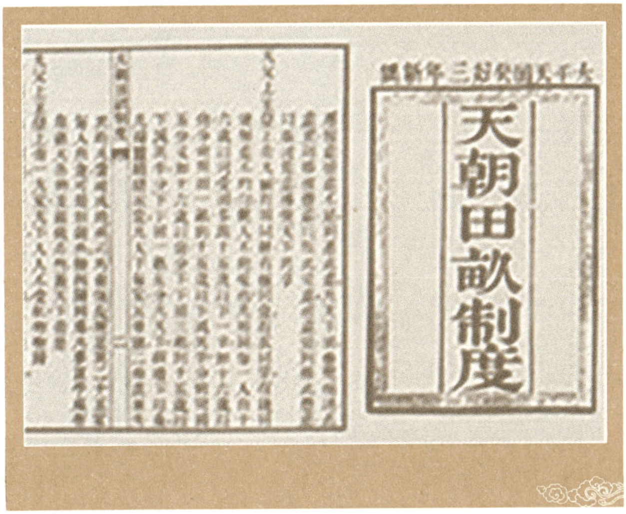
太平天國癸好三年新鐫
天朝田畝制度

在中国近代的大同理想中占主要地位的是儒家的大同社

孙中山

会，它被许多资产阶级代表人物用来表达自己的社会理想，其中最为著名的是康有为和孙中山的两种大同理想。康有为创作了《大同书》，设想未来的大同社会是一种以生产资料公有制为基础、没有剥削的社会。生产力高度发达，人们物质文化生活水平很高；国界消灭，全世界统一于一个“公政府”之下，没有战急；政治上实行资产阶级民主共和国制度，没有贵贱等级；家庭已消灭，男女完全平等，不存在父权、夫权压迫。孙中山被称为中国的“国父”，他领导的辛亥革命是一场挽救民族危亡的社会革命，在他的革命纲领里面提到的大同理想主要内容有：土地国有，大企业国营，但生产资料私有制仍然存在，资本家和雇佣劳动者两个阶级继续存在；生产力高度发展，人们生活普遍改善；国家兴办教育、文化、医疗保健等公共福利事业，供公民享用。

大同社会充分体现了中国人那种向往美好生活和理想社会的愿望，为我们建立社会主义和谐社会和实现共产主义提供了借鉴。

三、他山之石：中华民族的“大同”与西方的“乌托邦”

中国的“大同”社会描绘了人人相爱的场景，而这种理想社会并不是中国所独有的，在西方很早也有类似的这种理想社会的描述，最早可以追溯到柏拉图的《理想国》，后来又有英国的托马斯·莫尔的“乌托邦”等。追求美好生活，是全世界人民共同的愿望；开展世界不同文明的交流与对话，是世界历史发展的潮流。

中国是“桃花源”，西方是“乌托邦”。“乌托邦”原是托马斯·莫尔写的一部拉丁语书的名字，全名为《关于最完全的国家制度和乌托邦新岛的既有益又有趣的全书》。它约出版于1516年。莫尔是一位著名的人文主义者，早年深受人文主义思想的熏陶，古希腊思想尤其是柏拉图的《理想国》对他影响尤深。他曾陶醉于柏拉图的“共产主义”，并且非常赞赏柏拉图关于国家起源的“互助说”和治理国家的“哲学王”观点。柏拉图对于公有社会的设想对莫尔有很大的启发。中世纪奥古斯丁所著《上帝之城》对他的影响也很大。基督教义中的一些对人类大同思想的描述给予莫尔诸多启示。英国早在14世纪末期的时候，就已经产生了资本主义生产方式的萌芽，并且随着资本主义市场经济所需要的商品货币关系的发展，社会开始出现了新的生产关系。这个时期正处于资本原始积累时期，工厂的毛纺织业迅速发展，对羊毛需求量日益扩大，原材料羊毛的价格迅速上

尼山论坛

尼山世界文明论坛（简称“尼山论坛”）创办于2010年9月，是以中国古代伟大的思想家、教育家孔子诞生地尼山命名，以开展世界不同文明对话为主题，以弘扬中华文化、促进中外文化交流、推动建设和谐世界为目的，以学术性与民间性、国际性与开放性相结合为特色的国际文化学术交流活动。论坛以中华民族优秀传统文化为基点，坚持“各美其美，美人之美，美美与共，世界大同”的理念，面向世界，面向未来，开展不同文明的互动和交流，维护世界文化的多样性，增进各国人民之间在文化上的相互理解、相互尊重，在和睦相处中共同发展，为建设和谐社会、和谐世界作出应有的贡献。目前，“尼山论坛”已成功举办5届。

在孔子诞生地尼山开展世界文明对话活动，是履行中国对联合国首倡世界文明对话的庄严承诺，是发挥以孔孟儒家文化为代表的中华文化在世界文明发展中的重要作用、促进世界不同文明的相互理解和交流合作、推动人类和平与发展的重要尝试。

涨，饲养羊成为商人们圈钱和积累财富的新出口。为了满足自己的这种欲望，大封建贵族开始用暴力把大批农民从耕地上撵走，把本来应该属于农民的地方变成了羊群的游乐园，然后又用很少的资本把失去土地的农民拴在羊群的旁边，这就是“羊吃人”的“圈地运动”。这段“用血和火的文字载入人类编年史的”历史给了莫尔很大的刺激。目睹了资本原始积累初期的所谓“羊吃人”的情况，看到了农民在重压下的痛苦生活，莫尔充满了同情。面对不合理的社会，莫尔幻想一个公正合理的理想新社会的到来。

莫尔在《乌托邦》这本书中为我们描绘了一幅理想国的画面。乌托邦（Utopia）的原词来自两个希腊语的词根：“ou”是“没有”或者“好”的意思，“topos”是“地方”的意思，合在一起是“没有的地方”或“好地方”的意思，实际上就是一种理想国，而并非一个真实的国家，是一个虚构的国度。莫尔在书中描绘了这样一个他所憧憬的美好社会：那里一切生产资料归全民所有，生活用品按劳分配，人人从事生产劳动，而且有充足的时间从事科学研究和娱乐；那里没有酒店、妓院，也没有堕落和罪恶。理想中的乌托邦实行财产公有，按需分配，其前提则必须是物资非常充足，产品非常丰富。乌托邦实行民主制度，所有官员都是由全体公民中选举产生，任期一年。莫尔实际上提出了国家消亡的思想，即随着阶级对立的消失，国家的职能逐渐缩小，随之变成一个生产合作组织。不过，莫尔没有提出实现国家消亡的途径。莫尔在《乌托邦》中还提到了男女平权的思想，主张妇女有受教育权、婚姻自主权，实行公共食堂制之后，从繁重的家务劳动中解脱出来，可以和男子一样参加社会劳动。男女两性享有平等的教育权利，实行的是公共教育制度。由于时代与阶级的局限，莫尔虽然认识到了资本主义的罪恶，但却未能找到理想社会取代现实社会的任何途径。这也是以后空想社会主义者们无法克服的共同的缺陷。正如恩格斯所说：这种“共产主义思想的微光”只可存在于人们的头脑中，而不可能付诸社会实践。因此，“这种新的社会制度一开始就注定要成为空想的，它愈是制定得详尽周密，就愈是要陷入纯粹的空想”。

中国的“大同”社会与西方的这种“乌托邦”社会，实际上都是一种幻想中的理想社会，为了逃避现实，为了寻求一种更加美好的生活。

四、当代传承——中国梦：求“大同”推进和谐社会建设

马克思这样来描述共产主义社会：“当社会主义建设完成后，政府、商品生产和货币经济会完全消失。最后，人类的社会就进入共产主义阶段。这个时候，社会公共机构非常发达，城乡差异，人与人待遇差异和社会分工会完全消失，人人都能得到科学完善的教育与医疗，人人为共同的理想目标奋斗在不同的适合自己的岗位上，科学地工作和休息着。人们每天自发地工作 8 小时，每周工作五天，工作、生活、娱乐安排得科学

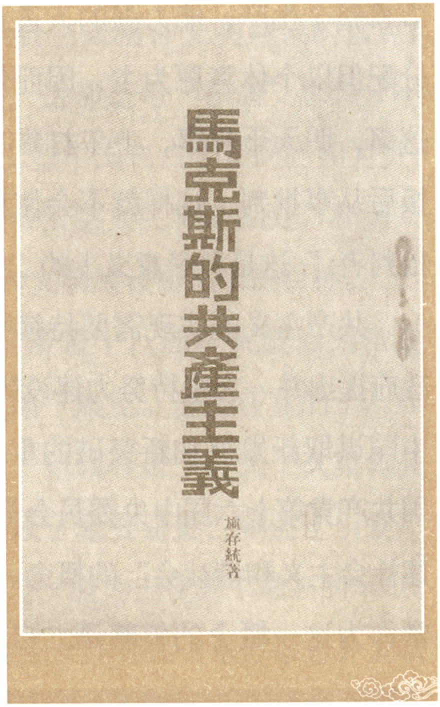

合理，适合人的长寿需要。没有人被管制，都在自觉地为人民服务，为共产主义服务！科技非常发达，人民就能够以低工作量去满足优质的生活所需，所有的财产归全体人民所有，生活资料各取所需，人民的工作产出和生活索取，都有记载，作为其所从事工作结束到来的共产主义对其作公正审判的依据，获得好评价的人，就能更容易在社会活动中得到他人的拥护，也作为其个体末日到来共产主义对其生命价值审判的依据。人人都拥有包容心，能忍耐来自外界的疼苦和宽恕别人对自己的冒犯！平等地享受社会经济权利，人民为了延长自己的自然寿命而自立自强，劳动创造将成为人们的第一需要。人不会被分工所局限着，达到‘各尽所能，各取所需’的阶段。在共产主义社会里，人人都能得到极大的满足！人人都自觉、自警、自控、自制、自尊、自爱！人人都在工作学习着，互相帮助，共同提高自身素质，弥补自身缺陷和过失，改正自身错误，追求至善至美！每个人都在自发为一个共同的理想奋斗！任何人都没有特殊的活动范围，而是根据自身发展的特点可以在任何部门工作，社会公共机构调海量的参与人数，丰富的个人梦想，热烈的讨论与回应，与80多年前真是天壤之别。两个时代，两场“征梦”，两个场景。而今，中国梦从城市到了乡村。人民日报评论员新春走基层，在湖南一个偏僻山乡的农家门前，看到这样一副春联：“雪梅映红中国梦，紫燕衔绿万家春”。中国梦由国内到了海外，一位旅美华侨用诗句表露自己的心声：“他邦夜夜家国梦，天涯朝朝总相思。”众人争说中国梦，同心共筑中国梦，正因为它触动海内外中华儿女内心深处的集体意识，成为唤起亿万人民认同的最大公约数，激发了中华民族“团结如一人”的归属感和进取心。

中国梦就是要实现中华民族的伟大复兴，建立一个美好的社会主义社会，这也是传统中华民族“大同”思想与现代马克思主义所提出的实现“共产主义理想”在新时代结合的产物。现代中国，不仅仅是建立一个和谐社会，与此同时，还在积极倡导建设一个和谐世界，这些其实都是“大同”的一种体现。

外国人评中国梦

美国《新闻周刊》认为，中国梦会产生深远影响，将“重振中国光辉史”。英国《金融时报》认为，“中国的梦想，不仅关乎中国的命运，也关系世界的命运”。更有外国观察家敏锐指出，这是“一个能在人们心中激起共鸣的目标”，体现了中国共产党人“对中华民族的强烈历史责任感”。

世界人民生活在一个没有冲突和矛盾的世界之中是多么美好的一件事情！中国梦蕴涵着中国人几千年来对美好生活的追求，也表明“大同”思想已经深深扎根于中国人民的心中，“天下大同”是一种对于美好社会的精神追求和向往，我们的社会是一个共同体，我们所有的人都是这个共同体的一员，只有整个社会实现公平公正，实现了“大道为公”，那么每个个体的自尊、生存才能得到实现，才能真正地做到孝悌仁义。在社会主义新时代，“大同”思想就是要在实现了普遍的公平正义的起点上，努力发展社会主义主流文化和意识形态的同时，坚持“百花齐放、百家争鸣”，在不危害社会正常运转和发展的前提下给予多种文化以发展空间，这也是“大同”思想中的“包容、宽容”精神的一种体现，只有这样，才能实现真正的“同”。建设和谐社会的过程中，我们要借鉴中华传统文化中的大同思想：借鉴利权均等，可以避免在社会主义市场经济中存在的社会分配不公现象；借鉴天下为公，可以避免公权私用现象；借鉴社会协调有序思想，可以促进我们在社会转型期协调好社会各阶层的关系，以防出现不利于社会和平有序发展的现象；借鉴人本思想，可以真正实现科学发展观中的以人为本；等等。

结　语

中国梦不同于西方的空想社会主义和乌托邦。在当代中国，我们已经有了提出中国梦的物质条件，我们的经济基础已经达到